KB090989

스타트업 이스라엘

Foreign Copyright:
Joonwon Lee
Address: 3F, 127, Yanghwa-ro, Mapo-gu, Seoul, Republic of Korea
          3rd Floor
Telephone: 82-2-3142-4151, 82-10-4624-6629
E-mail: jwlee@cyber.co.kr

스타트업 이스라엘

2023. 3. 17. 1판 1쇄 인쇄
2023. 3. 22. 1판 1쇄 발행

지은이 | DAVID 옥
펴낸이 | 이종춘
펴낸곳 | **BM** (주)도서출판 **성안당**

주소 | 04032 서울시 마포구 양화로 127 첨단빌딩 3층(출판기획 R&D 센터)
      | 10881 경기도 파주시 문발로 112 파주 출판 문화도시(제작 및 물류)
전화 | 02) 3142-0036
      | 031) 950-6300
팩스 | 031) 955-0510
등록 | 1973. 2. 1. 제406-2005-000046호
출판사 홈페이지 | **www.cyber.co.kr**
ISBN | 978-89-315-5981-1(03320)
정가 | 18,000원

이 책을 만든 사람들
책임 | 최옥현
진행 | 문인곤
교정·교열 | 문인곤
본문 디자인 | 최윤영, 임흥순
표지 디자인 | 박원석
홍보 | 김계향, 유미나, 이준영, 정단비
국제부 | 이선민, 조혜란
마케팅 | 구본철, 차정욱, 오영일, 나진호, 강호묵
마케팅 지원 | 장상범
제작 | 김유석

■ **도서 A/S 안내**

성안당에서 발행하는 모든 도서는 저자와 출판사, 그리고 독자가 함께 만들어 나갑니다.
좋은 책을 펴내기 위해 많은 노력을 기울이고 있습니다. 혹시라도 내용상의 오류나 오탈자 등이
발견되면 **"좋은 책은 나라의 보배"**로서 우리 모두가 함께 만들어 간다는 마음으로 연락주시기
바랍니다. 수정 보완하여 더 나은 책이 되도록 최선을 다하겠습니다.
성안당은 늘 독자 여러분들의 소중한 의견을 기다리고 있습니다. 좋은 의견을 보내주시는 분께는
성안당 쇼핑몰의 포인트(3,000포인트)를 적립해 드립니다.
잘못 만들어진 책이나 부록 등이 파손된 경우에는 교환해 드립니다.

≋ STARTUP ISRAEL ✡

스타트업
이스라엘

DAVID 옥 지음

BM (주)도서출판 성안당

"HERE COMES THAT DREAMER."

"보라, 꿈꾸는 자가 오는도다"

처음으로 내 이름을 걸고 책을 집필하였다. 그동안 남의 책은 잘 만들어 주었다. 내 수많은 부캐 중에 출판사 명함도 있으니 말이다. 내가 중년의 인생을 살아보니 다양한 인생 경험이 생겼다. 자의든 타의든 원하든 원치 않든 살아가야 하는 숙명이 있다. 나 역시 꿈 많은 청춘시절이 있었다. 마치 세상을 호령하듯 떠들석하게 세상을 살아갔다. 거침없이 행동하고 직선적인 언행으로 불도저 같은 인생을 살았다. 그러다가 이스라엘이 내게 훅 하고 들어왔다. 전혀 내 인생에 단 한 번도 생각해 보지 않았던 나라, 일반적으로 예수님의 탄생지와 성지순례 정도로 인식이 되어 있는 이스라엘, 중동의 13억 인구가 원수가 되어 싸우고 있는 전쟁 중인 이스라엘 정도로만 나는 알고 있었다.

그러나 김종철 다큐멘터리 감독을 통해 만나게 된 이스라엘은 내게 충격으로 다가왔다. 인구 구백만의 작은 나라가 세계를 움직이고 있었다. 인구 대비 15배가 넘는 중동의 아랍 국가를 대상으로 대치중인 사실은 별로 중요하지 않다. 이스라엘은 세계의 부를 거머쥐고 세계를 움직이고 있다. 이스라엘은 세계 경제의 중심에 서서 모든 세계 경제 정책을 좌지우지하고 있다. 그 능력의 근원은 글로벌 스타트업에 있었다. 1인 기업을 창업한 이스라엘 스타트업 CEO는 모국어인 히브리어보다 영어 홈페이지를 먼저 만든다. 왜 그럴까? 그것은 태어날 때부터 뿌리깊이 박힌 유대인의 기업가 정신이 있기 때문이다.

새로운 것에 도전하는 것을 두려워하지 않고 그것에 도전했다가 겪는 시행착오를 무서워하지 않는다. 설령 사업에 실패를 한다 할지라도 별로 개의치 하지 않는다. 이번에 안되면 다음번에 기회가 또 있다고 대부분의 이스라엘 사람들은 생각한다. 한 번 실패는 또 한 번의 도약을 하기 위한 보약이라고 믿고 있다. 아니 실패를 성공의 밑거름이라고 생각한다. 긍정의 힘이 너무 세서 이스라엘 분들을 경험해 보지 못하신 분들은 이스라엘의 국민성을 이해하기가 힘들 정도이다. 그래서 나는 이스라엘을 소개할 때 마다 '후츠파' 정신을 이야기한다.

당돌함, 무모함, 뻔뻔함… 등으로 해석이 될 수 있다. 그런데 이 단어를 한국적 의미로 해석을 하면 '불굴의 의지'라고 나는 표현하고 싶다. 왜냐하면 이스라엘 국민들이 말하는 후츠파 정신은 불굴의 의지에서 나오는 도전 정신이 포함되어 있기 때문이다. 나 역시 이스라엘을 알고 체험해 보니 나도 어느새 후츠파 정신을 가진 기업가가 되어 있었다. 지칠 줄 모르는 정신을 가지고 끓임없이 도전하는 청년이 된 것이다. 내가 그런 사람이 된 것은 이스라엘의 글로벌 기업인, 총리, 대학교 총장님들과 포럼을 하다 보니 나도 모르게 이스라엘 사람이 되어 버린 것 같다. 이스라엘은 내게 무한한 꿈과 도전과 성취를 안겨준 축복의 선물이 되었다.

그리고 나도 이스라엘의 창업 DNA를 받아 스타트업을 시작하게 되었다. 합정동에 '꾸머스페이스'를 만들어 청년창업가를 키우기 시작하였다. 2010년대 IT산업이 꽃 피울 무렵 청년창업가들을 모아 CEO MBA를 만들었다. 그리고 한국의 성공한 기업가들을 초청하여 그들의 강의를 듣고 연구하기 시작하였다. 그렇게 시작한 모임이 배출한 시원영어스쿨, 이노레드, 헬로키티, 죽 이야기, 제이시스 메디컬, 키네마스터 등 상장사를 포함하여 대단한 비즈니스 청년사업가들을 멘토링하였다. 그리고 이분들과 함께 이스라엘에 가서 이스라엘 글로벌 기업 회장님들과 교류를 하기 시작하였다. 그렇게 해서 탄생한 단체가 산업통상부 소속 비영리법인 '한국이스라엘기업협의회'이다.

지금은 합정동에 창업센터 3곳과 판교와 남산에 지점을 두고 있다. 특히 합정동에 국회와 63빌딩이 한 눈에 들어오는 빌딩에 들어가 '꿈쟁이놀이 터'를 만들고 있다. 꿈을 꾸는 사람은 늙지 않는다. 왜냐하면 꿈을 꾸기 때문에 늙을 시간이 없다. 그래서 나는 아직도 60을 바라보는 나이에 꿈을 꾸고 있다. 런던에 가면 '런던 아이'라는 대관람차가 있다. 나는 한강이 바라다 보이는 양화진 언덕에 있는 꿈쟁이 빌딩에서 매일 꿈을 꾼다. 이곳에 세계적인 랜드마크인 '서울 아이' 대관람차를 만들어 런던 아이보다 훌륭하고 멋있는 글로벌 랜드마크를 만들 꿈을 꾸고 있다. 나는 이것을 실현하기 위하여 매일 투자자를 만나고 이 땅의 지주들을 만난다.

누군가가 내게 말한다. "당신 '서울 아이'를 만들 돈이 있어?" 당연히 내게 그런 돈이 없다. 현실적으로 '서울 아이' 대관람차를 만들기 위해서는 미니멈 300억 이상의 돈이 들어간다. 나는 돈 가지고 사업을 하지 않는다. 그런데 300억 이상이 들어가는 엄청난 돈이 들어가는 '서울 아이' 대관람차를 어떻게 만들 것인가? 돈이 있다고 꿈이 이루어지는 것이 아니다. 돈은 꿈을 이루기 위한 수단이지 돈이 많다고 꿈을 다 이룰 수 있지 않다. 꿈은 돈을 필요로 한다. 그러나 꿈은 돈보다 값지고 가치있는 것이다. 나에게는 돈은 없지만 그것을 이루기 위한 인적 네트워크와 전문성과 지칠줄 모르는 투지와 포기하지 않는 근성이 있다. 나는 평생 현대를 만들었던 정주영 회장의 말을 좌우명으로 삼고 있다.

"지금 한다. 될 때까지 한다. 죽을 때까지 한다."

내 평생 정주영 회장을 만난 적은 없다. 3세 손녀인 정몽준 회장의 큰 딸인 정남이 현대아산재단 상임 이사를 만난 적이 있다. 전 중소기업청장이셨던 '한정화' 청장님이 현대 아산재단의 이사장으로 계실 때 그분 소개로 만난 적이 있다. 그때 내가 3세 정남이 상임 이사에게 내 인생의 좌우명을 말해주고 할아버지가 죽어서도 한국의 수많은 기업가들에게 혼을 깨우고 있다고 말해 주었다. 그렇다. 꿈을 꾸는 사람은 돈 가지고 주눅 들지 않는다. 꿈을 가진 사람은 혼이 살아있는 사람이다. 꿈을 이루는 사람은 끝까지 포기를 모른다. 꿈을 성취하는 사람은 타인을 신경 쓰지 않는다. 꿈을 만드는 사람은 스스로 독립하는 인간이다. 그만큼 꿈꾸는 사람에게는 행복과 즐거움이 있어서 미치게 만드는 중독성이 있다.

나는 꿈꾸는 사람을 '꾸머'라고 부른다. 한국어인 '꿈'에 영어로 사람을 말하는 '-er'를 합성하여 꾸머라고 부른다. 그런 장소를 '꾸머스페이스'라고 부른다. 이것을 한국어로 하면 '꿈쟁이놀이터'이다. 나는 합정동에 세 곳, 판교에 한 곳, 남산에 한 곳을 만들어 꿈쟁이놀이터를 만들고 있다. 내가 돈이 있어 이런 일을 한다고 생각하는 것은 대단한 오해다. 나는 물론 나의 꿈을 인정해 주고 격려해 주는 동역자가 있다. 하얀 백지에 꿈을 그린 도화지 위에 꿈을 그려가면 나를 사랑해 주고 놀아 주는 동역자들이 그 그림 위에 머니를 꽂아 준다.

나는 투자가들에게 목말라 하지 않는다. 내가 일을 하기 위해 필요한 것은 돈이 아니라 꿈을 꾸는 것이다. 그래서 나는 꿈에 미친 사람이 좋다. 나는 글로벌 스타트업 창업가이다. 이제 한국을 넘어 이스라엘과 손잡고 그레이트 컨트리 미국에 도전하고 있다. 한국의 뛰어난 제조업 기술력과 이스라엘의 탁월한 기업가 정신, 테크놀러지를 결합하여 세계 최고를 만들고 싶다. 한 푼도 없이 꿈을 그려서 여기까지 왔다. 수없는 조롱과 비난 속에 모두가 안 된다고 할 때 기적처럼 한 발씩 디디고 개척해 왔다. 그동안 수많은 고난과 어려운 환경이 오히려 나의 꿈을 키우는 자양분이 되었다. 내가 이스라엘의 총리를 만나고 글로벌 기업가들을 만날 때 모두가 비웃었다. 그러나 지금은 이스라엘의 VIP를 만나기 위해서는 나를 통하여만 가능하다. 어떻게 그것이 가능할까? 나의 오래 된 이스라엘 VIP 친구들은 내게 이렇게 말한다.

"David, You are Israel"

처음부터 내가 만난 이스라엘 VIP들은 나와 상대가 되지 않는 거물들이다. 그러나 나는 계란으로 바위를 계속해서 두드렸다. 그들을 한국으로 초청해서 소개하고 컨퍼런스를 만들고 여행을 하며 친분을 쌓아갔다. 한국이스라엘 비즈니스 컨퍼런스를 4회 이상 개최하였다. 양국을 대표하는 기업인들을 모아 개최하는 한이 비즈니스 컨퍼런스는 한번 에 5억 이상드는 큰 규모이다. 그러나 나는 꿈을 이루기 위하여 이스라엘을 향한 나의 열정을 포기할 수 없었다. 그리고 이제는 양국을 대표하는 국가와 기업을 잇는 '브릿지'가 되었다. 나는 이제 합정동에 '서울 아이' 대관람차를 만들어 그 앞 마당에 홍대산토리니 창업타운을 만드려고 한다.

어제 나를 잘 아는 지인이 와서 한강이 바라다 보이는 꿈쟁이놀이터 루프탑에 올라 내 꿈을 들어주었다.

"David, 그 꿈을 이루기 위하여 10년의 시간이 들 것 같은데….내가 지켜 보겠어."

그렇다. 나는 지금까지 꿈꾼 대로 이루고 살았다. 돈이 있어서, 능력이 좋아서, 힘이 있어서 이룬 것이 아니다. 꿈을 꾸고 그것을 이루기 위하여 나의 모든 열정을 쏟아부었다. 난관에 부딪히면 다시 일어서고 어려워지면 기도하고 숨 쉴 수 없을 정도로 어려워지면 버티고 하면서 여기까지 왔다. 나는 내가 잘났다고 자랑하지 않는다. 그냥 그저 꿈꾼 대로 살아가는 나의 모습이 나를 아는 주변분들과 함께 모델이 되고 싶다. 요즘 청년들이 많이 힘들어 한다. 꿈이 없기 때문에 힘이 드는 것이다. 청년들이 꿈 꿀 수 있는 세상이 오면 청년들은 힘들지 않다. 나는 그런 세상을 꿈꾼다.

"내 꿈이 이루어지는 세상, 나라, 국가를 만들고 싶다."

오늘도 나는 행복한 꿈을 꾼다. 너무 힘들어 주저앉고 싶을 때마다 내 안에 있는 꿈을 꺼내서 꿈을 꾼다. 나를 위한 꿈이 아니라 꿈꾼 사람이 행복해지는 사회, 나라를 만들고 싶다. 그래서 적어도 꿈을 포기하는 청년들이 줄었으면 좋겠다. 왜냐하면 꿈을 가지지 못하는 청년들은 불행하기 때문이다. 훗날 내 묘비에 이렇게 쓰고 싶다.

"꿈꾼 대로 살다 간 사람"

이 글을 꿈을 꾸고 이루고 성취해 가는 한국의 청년들에게 바치고 싶다.

╭─ THANKS TO···

그동안 이스라엘에서 배우고 느끼고 교제한 나의 이스라엘 친구들, 에후드 올메르트 전 이스라엘 총리, 기오라 야론(텔아비브 대학교 이사장), 도브 모란(USB 개발자), 조하 지사펠(RAD 그룹 회장), 느케미야 페레스(피탕고 캐피탈 회장) 등의 격려와 이스라엘이라는 백지 위에 그림을 그릴 때 영적 멘토로 기도해 주시고 지지해 주신 평촌 새중앙교회 황덕영 목사님, 판교를 아시아의 실리콘 밸리로 발전시키는 데 이바지하시는 신상진 성남시장님께 감사를 드리며, 한국·이스라엘의 그림에 멘토로 섬겨 주신 필룩스 노시청 전 회장님, 가장 어려운 시기에 KIBC 이사장을 맡아 애써 주고 돌연 하늘나라에 간 나의 사랑하는 친구이자 존경하는 CEO 고 임일택 (주)키네마스터 대표에게 이 책을 바친다.

10

기오라 야론 (Dr. Giora Yaron, 이스라엘 스타트업 레전드·텔아비브 대학교 이사장)

대한민국과 이스라엘은 건국 이래 70년 동안 비슷한 가치들을 공유해 왔다. 두 민족은 약 60년 동안 가까운 수교를 해왔다. 대한민국과 이스라엘의 수교는 한국의 데이비드 옥 사무총장과 이스라엘에는 나, 기오라 야론이 의장으로 대표하고 있는 한국이스라엘기업협의회(Korea Israel Business Council)을 통해 더욱 발전하게 되었다.

한국이스라엘기업협의회의 의제는 두 나라들의 하이테크 분야의 협력을 증진하는 데에 있다. 세계적인 대기업을 배출해 낸 한국의 지식과 세계적인 창업 생태계를 자랑하는 이스라엘의 지식의 교환을 통해 빚어 낼 세계 속에 빛날 시너지를 기대해 본다. 서울의 중심에 세워진 한국이스라엘 드림센터를 통해 양국의 관계가 더욱 굳건해지기를 기대해 본다.

도브 모란(Dov Moran, USB 개발자·현 그로브벤처스 투자회사 파트너)

몇천 년 동안 대한민국과 이스라엘은 각기의 역사 속에서 고통당해 왔다. 대한민국과 이스라엘은 같은 해인 1948년에 건국되었다. 그때부터 양국은 외부로부터의 공격 위험에 처해 왔었다. 두 민족에게는 많은 공통점들이 있다. 우리는 기술과 진보를 사랑한다.

우리는 인류의 운명을 빚을 미래와 깊은 관계가 있다. 이스라엘은 창업가 정신으로 알려져 있다. 많은 기업가들과 유니콘들을 배출해 냈다. 한국의 기업가 정신을 자극할 이스라엘의 창업 생태계에 관한 데이비드의 책을 보게 되어 행복하다. 데이비드와 한국의 성공과 이스라엘과 한국의 더 가까운 교류가 있기를 희망해 본다.

전하진(한글과컴퓨터 전 CEO, 새누리당 전 국회의원, 현 SDX재단 이사장)

데이비드 옥은 이스라엘 유전자를 타고 났다. 그는 불가능이 없다. 그는 꿈을 꾸고 그 꿈을 이루기 위해 목숨을 건다. 내가 만난 사람 중에 말 그대로 꿈대로 사는 사람이다. 그렇다고 그가 금수저를 가지고 태어난 사람은 아니다. 맨손으로 이스라엘을 개척하고 네트워크를 하여 지금에 이른 것이다.

이 책을 덮고 나면 왜 이스라엘이 세계 최고에서 세계 최초가 되었는지 알 수 있다. 세계가 변하고 있다. 글로벌 변화를 주도하는 유대인 아메리칸이 있다. 이 책에 유대인의 노하우가 보물처럼 숨겨져 있다. 그래서 스타트업을 하는 모든 비즈니스맨들에게 이 책을 추천한다.

13

"HERE COMES THAT DREAMER."

STARTUP
ISRAEL

CHAPTER 01

꾸머가 만난
이스라엘 창업

고난과 핍박의
역사가 키운 창업 DNA

——— ✡ ———

이스라엘은 한국의 10%밖에 안 되는 인구와 영토를 가지고 있다. 이런 조그마한 나라가 전 세계의 경제와 권력을 쥐고 지구를 쥐락펴락하고 있다. 이것은 우리에게 무엇을 시사하는가? 작지만 강한 나라가 생존할 수 있는 방법을 이야기해 주는 것이다. 한국과 비슷한 역사와 전통을 가진 작은 나라가 전 세계 강대국들을 리드해 나가는 것이다.

과연 이스라엘의 힘은 어디에서 나오는 걸까? 그것은 다름 아닌 '글로벌'이다. 이스라엘의 힘은 글로벌한 문화에서 시작이 된다. 영어는 물론 제3 외국어 구사까지 가능한 것이 그들의 힘이다. 그들은 이미 2,000년 전에 전 세계에 흩어져 모국이 아닌 문화가 다른 나라에서 생존해야 했다.

▲ 한국이스라엘비즈니스포럼에서 윤종록 미래창조과학부 전 차관, 에후드 올메르트 전 이스라엘 총리, 노시청 필룩스 전 회장, 로버트 아우만 히브리대 교수(왼쪽부터)

어디를 가도 지역적인 '텃세'가 있다. 내가 사는 동네가 아닌 옆 동네를 가도 그 동네의 규칙과 문화가 있다. 하물며 국가를 옮기는 일은 엄청난 텃세를 극복해야 하는 일이다. 모국이 아닌 타국이 가지고 있는 역사와 문화가 있다. 일찍이 이스라엘 민족은 주변 아랍 국가들에 의하여 시도 때도 없이 침략을 당하였다. 힘이 없을 때에는 주변 나라의 식민지로 전락하는 굴욕적 역사도 겪었다.

반면에 힘이 강할 때에는 주변의 아랍 국가들이 이스라엘에 조공을 바치던 시절도 있었다. 그러다 '로마'라는 고대 최고의 나라에 점령을 당하고 결국 식민 통치를 받게 되었다. 그 당시 로마는 이스라엘을 그대로 식민지 통치를 하였다가는 독립과 저항에 직면할 것을 두려워한 나머지 이스라엘 민족을 전 세계로 흩어 유랑하게 만들었다.

그리고 이스라엘 민족이 살았던 지역에 지금의 팔레스타인 사람들을 이주시켜 강제로 이스라엘 민족의 영토를 영구히 지구상에 없애 버렸다. 그리고 2,000년의 세월이 흐른 뒤 지금의 이스라엘 민족들이 백 투 더 이스라엘을 이루어 내어 다시 이스라엘 민족의 영토가 회복되었다.

그러나 이스라엘은 2,000년 동안 나라와 영토가 없어도 민족까지는 없어지지 않았다. 그들의 모국어인 '히브리어'도 잊혀지지 않았고, 모국어와 함께 타국의 언어를 구사하는 글로벌한 문화를 자연스럽게 익혀갔다. 오늘의 이스라엘은 그냥 이루어진 것이 아니라 갖은 핍박과 고난을 이겨 내고 그들이 이루어 놓은 '머니 파워'로 회복한 것이다.

이스라엘 민족은 전 세계 어디를 가도 가장 좋은 위치의 땅에 부동산을 구입하여 장악한다. 현찰을 선호하여 이스라엘 민족은 휴대할 수 없는 재산은 신봉하지 않는다. 전 세계 다이아몬드 시장의 90%를 유대인이 차지하고 있다. 그들은 항상 한 지역에서 오래 머물고 살 수 없었다. 이 지역에서 살다가 핍박을 받으면 다른 지역으로 이주를 해야 했다. 그래서 보석과 가방과 금융 비즈니스를 유대인들이 개척한 것이다. 유대인들이 돈이 많다는 소문이 나자 유대인을 노린 강도가 생기기 시작했다. 그래서 만든 것이 무거운 현찰과 빼앗길 수 있는 현찰보다 크레디트 카드 한 장을 들고 다니는 것을 개발을 하였다. 손가락만한 다이아몬드 하나면 수억 원을 현찰처럼 지닐 수 있기 때문에 보석 비즈니스 세계를 유대인들이 장악하게 되었다.

이처럼 절대적으로 생존해야 하는 유대인들의 비즈니스는 휴대할 수 있고 언제든지 돈으로 교환되는 비즈니스를 창업해야만 했다. 지금 전 세계 창업을 주도하고 성공적인 창업 후 매각하는 M&A 시장을 개척한 것도 유대인들이다. 이 모든 것들이 2,000년 동안 전 세계를 유랑하며 고난 받고 핍박 받는 역사를 가지지 않았다면 불가능한 것이다.

제2차 세계 대전 때 유대인들은 600백만 명이라는 엄청난 인구가 죽임을 당했다. 유대인들은 영문도 모르고 상상할 수 없는 고통과 핍박을 당해야 하였다. 그때 죽지 않고 살아남은 사람들 중에는 화장실의 똥통에 빠져 목숨을 건지거나 전선줄에 매달려 생명을 건졌던 사람도 있었다고 한다.

한국도 일제의 침략으로 35년간 식민지 통치를 받았다. 우리도 유대인처럼 고난 받고 핍박을 받은 역사가 있다. 그러나 우리와 이스라엘이 다른 점이 있다. 우리는 아직도 일본과 공통된 역사 인식에 이르지 못하고 있다. 이와 관련해 유대인들이 독일 민족이 무릎을 꿇고 용서를 구했을 때 남긴 명언이 있다.

"용서는 하되 역사는 잊지는 말자."

이스라엘의 글로벌 창업은 이렇게 한 맺힌 고난과 핍박으로 시작이 되었다. 그러나 유대인들은 그들에게 운명처럼 다가왔던 고난과 핍박을 통해 다시 일어났다. 지금 전 세계는 이스라엘 민족이 통치하고 있다고 해도 과언이 아니다. 경제, 문화, 교육, 에너지 등 모든 분야에서 단언컨대 최고는 유대인이다. 그들은 피맺힌 유대인의 역사를 글로벌한 창업으로 풀어내고 있다.

한국이 세계 일류 민족으로 생존하는 비결은 이스라엘을 카피하는 것이다. 그들의 역사를 배우고 우리의 것으로 발전을 시킬 수 있을 때 한국은 세계 최고의 국가로 우뚝 설 수 있을 것이다. 나는 더 많은 한국사람들이 이스라엘에 가서 그들의 글로벌한 창업 문화를 배워야만 한다고 생각한다. 한국 정부가 나서서 더 많은 유학생들을 이스라엘로 보내고 지원해야 한다고 생각한다. 이스라엘의 '후츠파' 정신이 한국의 불굴의 의지와 결합될 때 세계 최고가 되어 세계 경제를 선도할 수 있다.

창업,
기술 개발과 특허로 말하다

———— ✡ ————

이스라엘 창업의 핵심은 '글로벌'과 '기술'이다. 이스라엘은 일찍 글로벌을 역사적으로 경험했다. 왜냐하면 로마의 침공으로 나라를 빼앗기고 전 세계를 떠돌아 다닌 지가 2,000년이 넘는다. 이스라엘은 2,000년 동안 전 세계의 구석구석을 찾아다니며 생존에 목숨을 걸었다. 내가 이스라엘의 흔적을 중국의 위구르족 오지 마을까지 가서 유대인 정착촌을 보고 놀란 적이 있다.

그들은 전 세계 구석구석에 살면서 생존의 방법으로 '기술'을 개발하였다. 전 세계 어디를 가도 돈이 되는 곳에는 유대인들이 다 장악을 하고 있다. 그들은 고기를 먹는 사람보다 고기를 잡는 사람을 선호한다. 고기를 먹는 사람은 돈을 벌어 사서 먹지만 고기를 잡는 사람은 어디

▲ 와이즈만연구소에서 열린 제1회 KIBF에서 환영 인사하는 무디 세베즈 부회장

를 가도 고기를 잡을 수 있는 기술이 있기 때문에 생존할 수 있다. 그런데 유대인의 탁월함은 그냥 기술을 습득하는 것이 아니라 탁월한 기술을 개발하고 핵심 기술을 발전시켜 그것을 돈으로 연결하는 데에 그 위대함이 있다. 유대인들이 손을 대면 그것은 바로 상품화가 되고 그것이 곧 시장의 지배력으로 나타난다.

그래서 전 세계 가장 영향력 있는 포지션은 유대인들이 다 장악하고 있다. 나는 이런 어마한 유대인 핵심 네트워크를 알게 되었고 그들과 함께 오랜 기간 친구로 지내면서 왜 유대인들이 그토록 탁월한지 깨달을 수 있었다.

이스라엘에 가면 '와이즈만'이라는 세계 5대 기초과학 연구소로 불리는 글로벌 연구소가 있다. 와이즈만연구소는 독일 막스 플랑크, 프랑스 파스퇴르 등과 함께 기초과학의 세계적인 연구소이다. 이곳에서 두 명의 노벨상 수상자와 두명의 이스라엘 대통령이 배출이 되었다. 특히 이곳은 이스라엘의 초대 대통령 하임 와이즈만의 이름을 따서 연구소 이름이 지어졌다.

▲ 와이즈만연구소를 설립한 이스라엘 초대 대통령
하임 와이즈만 박사의 초상화

내가 2012년부터 매해 이스라엘 출장을 가면 매번 한국의 VIP들과 방문하는 곳이다. 이곳에서 한 해 평균 1,000여 건의 특허와 지식재산기술을 사업화하여 기술이전으로 엄청난 돈을 벌어들이고 있다. 그래서 와이즈만연구소에는 지식재산기술을 이전하여 돈을 버는 회사가 따로 있다. 'YEDA(예다)'라고 불리는 별도 법인을 만들었는데 이곳은 와이즈만연구소에 개발한 기술로 비즈니스를 하는 곳이다.

와이즈만연구소가 개발한 기술을 이전하여 엄청난 돈을 번 회사들이 여럿 있다. 그중에서 독일의 다국적 제약회사 머크(Merck)는 '다발성 경화증치료제'라는 핵심기술을 이전받아 증상의 30% 이상을 경감하는 치료약을 상용화하여 2014년에 18억 유로의 매출을 올려 세계적으로 명성을 쌓을 수 있었다.

와이즈만연구소의 기술을 이전하는 회사가 예다라고 하였다. 이 회사의 CEO가 내 친구인 무디 세베즈 박사이다. 한국으로 치면 이웃집 아저씨 같은 인상을 가진 마음씨 좋은 CEO이다. 그와 우정을 쌓은지 7년

▲ 와이즈만연구소를 찾은 한국의 CEO들이 직원의 설명을 함께 듣고 있다.

이 다 되어간다. 그는 내가 와이즈만을 방문할 때마다 직접 가이드를 해주며 내 손님들을 특별하게 대접해 준다.

와이즈만의 무디 박사가 나에게 왜 그토록 친절하게 대해 줄까? 물론 우정이 중요하다. 그러나 우정은 우정이고 비즈니스는 비즈니스이다. 그는 나에게 한국의 제약회사를 비롯하여 연구소와 기술이전을 위해 함께 일하는 비즈니스 파트너이다. 그는 와이즈만연구소의 부총장이기도 하다. 그를 통해 와이즈만의 첨단 기술을 이전받을 수 있다.

와이즈만연구소의 '예다'는 이제까지 280억 달러(32조)의 매출을 올렸다. 한해 로열티 수입으로만 1,000억이 넘는 돈을 벌어들이고 있다. 순수 기초과학을 연구하는 연구소에서 엄청난 비즈니스를 하는 곳이다. 과연 한국에 와이즈만연구소와 같이 순수하게 기초과학을 연구한 결과로 비즈니스를 하는 곳이 얼마나 될까?

왜 와이즈만연구소의 박사 연구원들은 탁월한 성과를 낼 수 있을까? 첫째, 그들은 자기가 원하는 연구를 단기간에 걸쳐 연구를 하는 것이 아니라 죽을 때까지 연구 성과 없이도 연구를 할 수 있다. 만약 그가 연구를 하다가 죽더라도 그에게 아무런 책임이 없다. 그러면 다음 연구원이 그것을 이어받아 연구를 계속하면 된다.

둘째, 와이즈만연구소는 연구 결과를 내어 기술이전을 하여 비즈니스 결과를 내면 순이익의 40%를 기술개발을 한 박사 연구원에게 배분한다. 와이즈만연구소의 예다 회사가 60%를 취하고 나머지는 기술개발을 한다고 수고한 연구원들에게 이익분배가 된다. 그래서 와이즈만연구소의 박사 연구원들은 엄청난 부를 가진 연구원들이 많다.

바라건대 우리 한국에도 이스라엘의 와이즈만연구소 같은 세계적인연구소가 있었으면 좋겠다. 정부 지원만 받는 연구소가 아니라 자체적으로 와이즈만연구소의 예다 같이 개발한 기술을 이전하여 국가와 사회에 이바지하는 연구소가 있었으면 좋겠다. 기술개발을 하는 연구원들에게 더 많은 혜택과 복지를 주고 이익을 분배하여 국가 경제와 개인의 복지에 발전이 되는 나라가 되었으면 좋겠다.

세계 최고가 되려면
세계 최초가 되라

─────── ✡ ───────

지금 세계는 신기술 사업에서 누가 먼저 기술을 개발하여 시장을 선점
하느냐에 따라 미래의 비즈니스의 주인공이 결정되는 시대가 왔다. 여
러 가지 기술들이 융복합을 이루어 새로운 하나의 상품으로 선점되기
까지 우여곡절을 겪게 된다. 이것은 우리 한국의 문제만 아니라 지구
상의 국가가 해결해야 할 부분이다. 내가 오늘 소개하고 싶은 것도 결
국 세계 최초의 상품을 개발해야 한다는 것이다.

기존 혈당 측정기로 세계의 시장을 선점한 한국 회사가 있다. 당뇨의
혈당을 체크하는 방법은 피를 뽑아 당뇨 측정기에 넣어 혈당의 치수를
체크하는 것이다. 현재 나와 있는 당뇨 측정 방법은 무조건 피를 뽑아

▲ 세계 최초 무채혈 혈당 측정기

29

당뇨 치수를 확인하는 채혈 측정 방식이다. 이를테면 손가락 끝에 바늘을 찔러 피를 뽑아야 한다. 당뇨병 환자는 매일 혈당을 측정하여 당 관리를 하여야 한다.

생각해 보라. 매일 아침이나 저녁에 손가락 끝에 바늘을 찔러 피를 뽑는 것을 상상해 보라. 당뇨병 환자가 아니라고 하여도 당뇨병 환자가 매일 측정해야 하는 방법이 채혈을 통하여 당뇨 치수를 보고 결정하는 것이 얼마나 고통스럽고 귀찮은 일일까? 글을 쓰는 필자도 당뇨병이 있어 매일 당뇨 치수를 확인하여 당뇨 혈당을 관리하여야 합병증이 생기지 않기 때문에 이 방법을 통하여 당 관리를 하고 있다.

그러나 당뇨병 환자인 나도 매일 피를 뽑아 채혈을 하여 당 측정을 하는 것이 아프고 귀찮아 매일 당 측정을 하지 못하고 있다. 첫째는 손가락 끝에 바늘을 찔러 잠깐 동안의 아픔이지만 육체적 아픔을 당하는 것이 싫다. 둘째는 매일 이와 같은 방법으로 당 측정을 하는 것이 귀찮고 부담스럽게 느껴지고 규칙적으로 검사를 하는 것이 잘 안 된다.

피를 뽑지 않고 당뇨 측정을 하는 방법은 없을까? 아직도 우리는 질병이나 고혈압, 당뇨를 측정할 때 피를 뽑아 측정하는 것이 제일 정확한 방법이다. 그러면 이렇게 아프고 귀찮은 측정 방법 외에 다른 방법은 없을까? 소비자가 불편함을 느낄 때 그 불편함을 찾아 해결하는 것이 비즈니스의 출발이다. 우리나라도 피를 뽑지 않고 당뇨나 질병을 검사하는 것을 목표로 개발하는 사람이 있을 것이다.

한국은 이런 혈당 측정기를 개발하려고 했지만 성공한 케이스가 없다. 미리 선점한 기술을 놓고 그 안에서 치열하게 기술 개발은 잘 하지만 아무도 개척하지 않는 분야에 들어가서 세계 최초의 기술을 개발하는 경우가 많지 않다. 우리는 조선 500년 동안 청나라·왜 등 이웃나라의 침입을 받아 왔다. 그래서 안정과 여유에 초점을 두고 인생을 설계하는 경우가 많다..

반대로 이스라엘은 2,000년 동안 나라 잃은 설움에 전 세계를 떠돌아다니는 비극적인 민족이었다. 민족은 존재하는데 나라의 국토가 없어 전 세계를 유랑하는 민족이 되었다. 단순히 집을 나가도 고생인데 국가가 없어져 전 세계를 떠돌아다녔던 유대 민족은 어떠했을까?

그들은 생존의 문제에서 시작했다. 그래서 유대인들은 전 세계 어디를 가도 절박하게 비즈니스를 하였다. 장사를 해도 대충하는 법이 없었다. 목숨을 걸고 아무도 반겨주지 않는 이방나라에서 절박하게 먹고 사는 문제를 해결해야 하였다. 그래서 유대인들은 일찍 비즈니스에 눈을 뜨게 되었다. 그리고 사람들이 무엇을 좋아하는지를 연구하게 되었다.

유대인들이 돈을 버는 방법은 소비자의 소비패턴과 필요가 무엇인지를 정확하게 분석하고 그것을 해결하는 데 초점을 맞추었다. 그래서 유대인들은 소비자가 원하는 것을 찾기 위해 데이터를 분석하고 가설을 세우고 그것을 현실적으로 해결하기 위해 풀어 내는 능력이 탁월하다. 그래서 유대인들은 항상 세계 최고의 기술보다 세계 최초의 기술을 개발한다.

당뇨 측정기는 채혈을 해서 측정을 하는 것이 일반적이다. 그러나 이스라엘 사람들은 피를 뽑지 않고 당뇨를 측정하는 기술을 개발하였다. 그러면 한국의 기술자들은 무채혈 혈당 측정기를 개발하려고 노력하지 않았던가? 아니다. 한국의 기술자들도 정부의 지원을 받거나 회사의 도움을 받아 연구를 하였을 것이다. 그런데 왜 한국의 기술자들은 무채혈 혈당 측정기를 개발해 내지 못했을까?

여러 가지 이유가 있다. 먼저 기초 과학의 지식이 부족하다. 둘째 과학을 응용하여 적용하는 인프라가 열악하다. 셋째로 끈질기게 될 때까지 밀어부치는 근성이 부족하다. 그러나 이스라엘 기술자들은 죽을 때까지 풀기로 한 숙제는 성공을 못해도 끝까지 한다. 어떻게 죽을 때까지 연구해도 안 되는 기술을 연구하고 실용화할 수 있을까?

다시 와이즈만연구소를 예로 들어 보자. 그곳에는 세계적인 박사급 과학자 200여 명이 있다. 그곳에 들어가서 연구과제를 설정하면 될 때까지 연구를 하여 발표를 한다. 만약 어떤 분이 연구를 하다 죽으면 또 다음 분이 나서서 될 때까지 그 분야를 연구하여 그것을 완성시키는 시스템과 근성이 있다. 이것은 하루아침에 이루어지는 것이 아니다.

세계 최고가 되려면 세계 최초의 기술을 개발하여야만 한다. 그러기 위해 한국이 가지고 있는 '패러다임'을 바꾸어야 한다. 누구나 사람은

▲ 무채혈 혈당 측정기를 개발한 Cnoga의 아시아 디렉터인 앨론 카펠(Alon Kapel)과 함께

안정적인 것을 추구하고 누리는 것을 좋아한다. 그러나 늘 뒤좇아가는 사람은 세계 최고가 될 수 없다. 세계 최고는 세계 최초를 만든 사람만이 누릴 수 있는 특권이자 행복의 선물이다.

바라건데 우리 한국도 세계 최초의 기술을 개발하는 데 초점을 맞추어야 한다. 세계 최초의 기술을 개발하면 세계 최고가 될 수 있다. 지금 무채혈 혈당 측정기를 만든 이스라엘의 Cnoga는 중국의 글로벌 기업인 BOE그룹에 5억 달러 투자를 받았다. 단번에 기업의 가치가 글로벌 회사로 성장하였다. 이스라엘의 Cnoga는 처음부터 무채혈 혈당 측정기를 개발하는 데 총력을 기울였다.

처음부터 성공했을까? 아니다. 숱한 실패와 절망의 아픔 속에 이루어 낸 값진 기술의 결과였다. 남들이 닦아 놓은 길을 걷는 것은 쉬운 길이다. 누구나 다 갈 수 있다. 그러나 길을 개척하는 사람은 인생이 고달프다. 처음 시도하는 일이라 외롭고 처절한 순간을 겪어야 한다. 그래도 끝까지 포기하지 않고 목숨 걸고 기술을 개발하면 가치 있고 그것에 상응하는 보상이 따른다.

상품을 잘 만들면 마케팅이 필요 없다. 유통도 신경 쓰지 않아도 된다. 왜냐하면 세계 최초는 희소성이 있기 때문에 늘 세계 최고가 된다. 그러나 세계 최초가 되기 위해 선행되어야 할 일이 있다. 목숨을 걸고 될 때까지 기술을 개발해야 하는 끈기가 있어야 한다. 나는 한국의 기술자들이 세계 최초의 기술을 만들 수 있다고 생각한다.

실패를 통해
배우는 성공 공식
(USB를 개발한 열정과 도전의 스타트업 레전드 CEO 도브 모란)

—— ✡ ——

세계에서 가장 바쁜 사나이. 내가 이스라엘을 알게 된 후 만난 가장 흥미로운 인물은 USB를 만든 도브 모란이었다. 워낙 USB가 세계적인 발명품이라 그를 만난다고 약속이 되었을 때 나는 여러 가지 상상을 했었다. 그는 과연 어떤 사람일까? 그의 머릿속에는 무엇이 담겨있을까? 그는 어떤 자세로 인생을 살아갈까? 여러 가지 질문들을 내 속으로 던지며 그를 만났었다.

내가 그를 만나서 놀란 것은 그가 매우 평범하고 소박한 사람이었다는 것이다. 한국의 저명한 사람들을 만날 때는 그 안에 분명 무언가의 허세가 있다. 나는 아직까지 한국에서 유명한 리더들과의 만남에서 평범

▲ 도브 모란의 Comigo 사옥에서 함께

함과 소박함을 가진 인성을 가진 분들을 만나보지 못했다. 왜 그랬을까? 한국은 아직 정부 수립 이후 격변하는 시대 속에 '가치와 철학'에 대한 기본기가 없기 때문이라고 생각한다.

넥타이를 매지 않고 평범하게 남방을 입고 나와 솔직하고 재미있게 이야기를 풀어나가는 그를 보고 조금은 놀랐다. 그가 나에게 처음 질문한 내용은 다음과 같다. "몇 번을 실패한 경험이 있습니까?" 나를 처음 보자 마자 그가 나에게 한 질문이었다. 나는 그에게 웃으면서 이렇게 대답하였다. "하도 많이 실패해 보아서 셀 수가 없네요."
그는 그때부터 오래된 친구처럼 나를 대하기 시작했다. 그와 이제는 오래된 친구처럼 연락을 주고 받는다. 내가 한국에 있는 비즈니스 CEO들이나 대학교수들과 미팅을 주선할 때면 그는 어김없이 나에게 처음 질문한 것처럼 똑같은 질문을 그들에게 던진다.

"몇 번 실패한 경험이 있습니까?"

만약 대답하는 이가 솔직하지 못한다면 그는 대화를 잘 이끌어가지 못한다. 그는 세계적으로 유명한 스타 CEO이다. 왜냐하면 전 세계인 대다수가 USB를 가지고 있기 때문이다. 그는 USB를 개발하여 미국의 샌디스크에 1조 7천억 원의 천문학적 숫자의 돈을 받고 M&A를 성사시켰다. 개인이 개발한 발명품이 1조가 넘는 어마어마한 돈을 받고 미국의 글로벌기업과 딜을 성사시켰다. 그래서 그는 일약 세계적으로 유명한 CEO가 되었다.

그러나 그가 그때부터 처절한 실패를 경험한다. 천문학적인 돈을 벌어들였다. 그러면 한국의 비즈니스맨들은 무엇을 할까? 일단 조물주보다 높은 '건물주'가 될 것이다. 그리고 그는 여러 개의 부동산 자산과 금융

상품을 사서 포트폴리오를 만들어 자산에 대한 분산배치를 할 것이다. 이것이 한국과 이스라엘의 비즈니스 스타일이 완전히 다른 점이다.

그는 USB를 매각한 이후 계속해서 스타트업을 이어갔다. 그는 지금도 수많은 스타트업에 투자를 하고 있다. 그런데 그가 위대한 것은 USB라는 거대한 대박을 터뜨렸음에도 불구하고 그 이후 도전하는 비즈니스마다 실패를 거듭하고 있는 것이다. 그는 한 TV 인터뷰에서 이렇게 이야기를 했었다.

"난 죽을 때 내 통장에 0이 찍히는 것이 목표다. 내가 죽기 전까지 계속해서 스타트업에 도전하고 후배들에게 이런 기업가 정신을 물려주고 싶다."

이스라엘에 갈 때마다, 그가 한국에 올 때마다 우리는 꼭 만남을 가진다. 그는 여전히 지금도 만날 때마다 이렇게 이야기한다. "실패하고 있냐? 그러면 인생을 잘 살고 있는 거다. 오히려 사람들에게 가장 큰 슬럼프는 가장 잘 나간다고 느낄 때이다."

2016년 11월에 한국의 대학교수들과 이스라엘에 있는 그의 사무실을 방문하였다. 그는 내가 데려간 손님들을 앉혀놓고 나를 처음 만날 때와 같이 똑같은 질문을 던졌다. "몇 번이나 실패를 해 보았습니까?" 나는 일이 잘 풀리지 않거나 힘이 들고 죽고 싶을 정도로 고통스러우면 그를 떠올린다. 그는 실패의 아이콘이자 성공의 아이콘이기 때문이다. 실패를 해 보아야 성공을 할 수 있다고 늘 말하는 그를 생각하면 용기가 솟는다. 오늘도 저녁에 글을 쓰면서 그에게 감사를 전하고 있다. 바라건대 우리나라에도 그와 같은 도전정신을 가진 청년기업가가 많이 나왔으면 좋겠다.

창업,
세상을 바꾸는 꿈

———— ✡ ————

사람이 태어나 인생을 살면서 중요한 것이 무엇일까? 대부분의 사람들은 인생의 목적이 불분명하게 산다. 한마디로 되는 대로 사는 사람이 많다. 되는 대로 사는 사람의 인생을 비난하는 것은 아니다. 왜냐하면 우리가 사는 인생은 저마다 다양하고 다른 인생의 목적을 가지고 살 수 있기 때문이다.

우리나라 속담에 이런 말이 있다.

"호랑이는 죽어서 가죽을 남기고 사람은 죽어서 이름을 남긴다."

인생에 사람은 흔적을 남긴다는 것이다. 이것은 사람마다 다양한 인생의 그림을 그리고 산다는 말이다. 돈을 버는 목적이 무엇일까? 인생을 여유롭고 행복하게 즐기며 살고 싶다는 것이다.

그럼 우리는 돈을 많이 벌면 행복할까? 분명 우리 인생에 돈이 풍족하면 편리할 것이다. 그러나 돈이 많다고 다 행복한 것은 아니다. 편리한 것과 마음이 행복한 것은 돈이 많다고 주어지는 행복이 아니기 때문이다. 그럼에도 불구하고 모든 사람들은 돈을 벌고 재산을 소유하는 것을 좋아한다.

그러나 이스라엘 사람들은 역사상 민족은 존재하는데 나라가 없는 세월을 2,000년 이상 보냈다. 그래서 유대인들의 머리에는 돈이 있어야 한다는 절박함이 있다. 돈을 가지고 있어야 어느 나라에 가서 살아도 어렵게 살지 않고 여유롭게 살 수 있기 때문에 유대인들의 돈 버는 방법은 타의 추종을 불허한다.

그러나 유대인들은 부자가 되어도 꼭 해야 하는 것이 있다. 민족을 위한 일과 세계의 번영을 위한 일에 최선을 다하는 자세가 있다. 유대인들은 자신이 속한 커뮤니티에 상상을 초월한 금액을 기부한다. 그 돈을 유대인들은 세상을 바꾸는 일에 사용한다. 세상을 바꾸는 것은 무엇일까? 세상을 이롭고 좋게 만드는 것을 의미한다.

세상의 기술은 끊임없이 진보한다. 산업화 시대에서 디지털로 전환이 되어가고 있는 이 세상에서 공부를 하지 않으면 적응할 수 없다. 소위 컴맹이라고 불리는 어른들에게 다가올 미래의 삶이 불투명하다. 그만큼 디지털 공부를 하지 않으면 시대에 적응력이 뒤떨어지게 마련이다.

그런데 기술의 세계에 편리하고 쉬운 테크닉을 개발하면 어른들의 디지털 공부가 떨어져도 살아가는 데 불편함이 없다. 기술의 발전은 이렇듯 세상을 편리하고 이롭게 만드는 것이다. 남녀 노소를 불문하고 살아가는 세상의 마지막은 기술의 편리함이 우리의 일상생활에 들어와 삶의 부분이 되어가는 것이다.

이스라엘 창업은 기술의 원천에 있다. 플랫폼이나 커뮤니티의 기술 발전이 아니라 제조업이나 서비스, IT 기술의 발전을 통하여 좀 더 나은 세상을 만들어 가는 것이다. 그래서 이스라엘 창업은 남들이 가지 않는 길을 가는 것이다. 자율주행차를 예로 들어보자.

자율주행차에서 제일 중요한 것은 인간의 눈을 대신하는 것이다. 기계가 인간의 눈을 대신하는 것은 놀라운 기술을 접목하는 것이다. 인간의 눈은 하나님이 창조한 작품이다. 아무리 기술이 발전이 되어도 하나님이 창조한 눈을 모방할 수 있을까? 그런데 인간의 기술은 거의 완벽하게 조물주의 창조를 따라가고 있다.

이스라엘 창업 중에 인공지능 눈을 개발하여 대박을 친 기업이 있다. '모빌아이'라는 샤수아 암논 히브리대 교수가 만든 회사이다. 이 회사는 2017년 미국의 글로벌 기업인 '인텔'에 17조 5,600억 원 팔려갔다. 상상할 수 없는 금액으로 대규모 M&A가 탄생되었다.

사람들은 이 M&A에 들어가는 돈을 가지고 말을 한다. 그러나 이스라엘 사람들은 이것을 놓고 인간의 기술이 얼마나 인류의 행복을 위한 것인가를 놓고 평가를 한다. 기술로 인하여 돈을 벌 수 있다. 그것은 단지 눈에 보이는 현상이다. 돈을 버는 것과 그 돈을 어디에 쓰는가는 다른 것이다.

이스라엘 창업은 단지 큰돈을 벌기 위하여 사업을 하는 것이 아니라 세상을 이롭고 행복하게 바꾸는 것을 목표로 한다. 그래서 한국처럼 큰돈을 번 창업자들이 부동산을 사고 돈을 더 많이 벌기 위한 재테크에 몰두할 때 이스라엘은 연쇄 창업을 통하여 또 다른 창업을 도전하는 것이다.

내가 IT로 큰돈을 벌었음으로 내 후배들에게 새로운 이정표와 도움을 줄 수 있는 모델을 만들고 기부를 하고 함께 격려하고 응원을 한다. 그래서 이스라엘에서는 큰돈을 벌어도 일상생활이 달라지지 않는다. 늘 그랬듯이 아무리 큰돈을 벌어도 살아가는 가치관이나 방식이 달라지지 않는다.

세상을 바꾸는 것은 돈이 아니다. 세상을 바꾸는 것은 기술이다. 그래서 기술을 발전시키는 것은 세상을 바꾸는 것이다. 세상을 바꾸는 것은 기술을 통하여 살아가는 삶의 질을 높이고 그것을 통하여 행복을 느끼게 하는 것이다. 그래서 돈을 많이 버는 것보다 더 중요한 것은 기술을 통해 미래 사회를 만들어 가는 것이다.

세상을 바꾸는 기술을 개발해야 한다. 세상을 좀 더 이롭고 편리하게 바꾸는 것은 창업을 통하여 미래의 기술을 만드는 것이다. 그래서 이스라엘 창업은 글로벌하고 미래지향적이고 인간의 삶을 통하여 더 나은 것을 창조하는 것이다. 우리도 이스라엘처럼 더 나은 세상을 바꾸는 기술과 창업을 시도해야 한다.

글로벌 창업과
대학의 이상과 현실

———— ✡ ————

나는 2016년 11월 이스라엘로 가는 비행기에 몸을 실고 있었다. 왜냐하면 한국의 창업 선도 대학의 단장분들을 모시고 이스라엘의 창업 선도 대학의 현장과 함께 그들과 협력하기 위한 MOU 체결을 하기 위함이었다. 실명으로 거론하면 약간의 선입견이 있을 수 있어 이니셜로 이야기함을 이해해 주기 바란다. 왜냐하면 한국은 이제 창업의 생태계에서 걸음마를 시작한 단계이기 때문이다.

이스라엘은 대학을 가는 목적이 분명하다. 내가 왜 대학을 가야 하는지 분명해지면 그때 대학 진학을 한다. 우리나라처럼 고등학교를 나오

▲ 이스라엘의 텔아비브 대학 공과대(로젠 웍스 학장)와 한국의 이화여자대학교 MOU 체결식

41

면 곧 바로 대학을 가지 않는다. 그래서 이스라엘은 대학을 가는 나이가 군대를 갔다 오고 대학 진학을 하니 23살이 넘어야 대학을 간다. 이스라엘의 군대는 한국의 군대와 달리 생사를 걸린 극한 상황이다.

13억 아랍 인구의 테러 위협 속에 그들은 군 생활을 한다. 그래서 이스라엘의 사회조직 중에 가장 끈끈한 것이 군대 동기이다. 이스라엘의 글로벌 창업을 이끈 리더와 회사는 대부분 이스라엘 군대에서 만난 동기이거나 선후배 사이이다. 그들은 생사고락을 같이 하면서 생긴 전우애를 통해 창업을 시작한다.

목적이 이끄는 삶은 실패는 해도 포기는 없다. 왜냐하면 한 번 두 번 실패를 한다고 해도 그것은 고난일 뿐이지 절망이 아니기 때문이다. 그들은 이미 목숨을 건 군대생활을 통해 얼마나 인생이 소중하고 진지한지를 체험하기 때문이다. 그런 분명하고 목적을 가진 이스라엘 청년들이 군대를 제대하고 대학에 들어간다. 그러니 얼마나 대학 생활을 잘 할 수 있을까?

이스라엘의 대학은 창업을 하기 위한 곳이다. 이스라엘에서 가장 큰 창업 액셀러레이터는 텔아비브 대학의 'Startau'이다. 이곳에서 이스라엘 창업의 글로벌 스타트업이 탄생된다. 특히 이스라엘 창업의 가장 큰 특징은 '기술 창업'이다. 테크놀러지를 가지고 창업을 하기 때문에 일시적으로 실패해도 결국 성공을 거둔다. 왜냐하면 그들이 개발해 낸 기술은 세계에서 유일한 것이기에 개발에 성공하기만 하면 대단한 대박을 터뜨린다.

최근 최대 규모의 글로벌 M&A가 있었다. 미국의 글로벌 대기업 인텔사와 매출액 1,300억에 불과한 회사가 M&A를 하였다. 무려 인텔사가 이스라엘의 스타트업 '모빌아이'의 인공지능 눈 기술에 투자한 돈이 17조 5,600억 원이다.

이 돈이면 글로벌 기업을 인수할 수 있는 돈이다. 그런데 이스라엘의 모빌아이 CEO가 히브리대 컴퓨터학과 샤슈아 암논 교수였다.

이스라엘의 글로벌 대학인 히브리대, 텔아비브 대학, 테크니온 공대는 글로벌 스타트업을 키우는 산실이다. 이곳 대학연구소는 정부의 지원을 맡아 돈을 쓰는 한국 대학의 시스템과 다르다. 이곳은 직접 대학의 연구소가 연구 결과물을 만들어 지적재산권을 통하거나 기업과의 산학협력을 통하여 엄청난 돈을 벌어 들이고 있다.

히브리대 Yisum연구소, 텔아비브 대학의 Romot, 테크니온 공대의 T3연구소는 이미 수 조원의 돈을 벌어들여 대학의 재정을 보태고 있다. 그리고 이곳 대학 출신의 글로벌 스타트업에 성공한 리더들은 M&A에 성공한 돈으로 대학에 엄청난 기부금을 내고 있다. 그러니까 성공한 기업인들을 많이 배출하여 동문 대학의 후배들에게 장학금을 주고 학교의 재정을 지원하고 있다.

한국의 대학들은 이제 창업 분야에서 걸음마를 시작했다. 그것도 정부의 지원을 받아 전국의 37개 대학에서 시작한 지가 10년이 채 되지 않고 있다. 그래서 이스라엘의 대학들이 어떻게 창업을 하고 있는지 한국의 대학들에게 소개해 주고 있다. 한국의 대학들은 창업에 있어 갈 길이 멀다. 왜냐하면 대학이 창업을 가르친 지도 얼마 되지 않았고 아직도 이스라엘식 기술 창업이 시도되지 않고 있기 때문이다.

그러나 첫 술에 배부를 수 없듯이 나는 한국의 대학들이 나름대로 속도를 내고 있다고 본다. 특히 한국의 모 대학은 벌써 성공할 수 있는 가능성이 보인다. 그런데 아직도 대부분의 대학들이 눈에 보이는 결과물에 집착하고 있다. 이스라엘의 세계적인 대학과 창업에 관계된 MOU를 맺더라도 진정한 교류와 협력이 없이는 제대로 이스라엘 대학의 글로벌 창업을 배울 수 없다.

나는 한국의 대학들에게 진짜 이스라엘의 글로벌 대학들과 연구하고 공동으로 팀을 만들어 스타트업을 해 보라고 권하고 싶다. 메인 스트림에서 놀아야 진짜 그 세계를 알 수 있다. 이미 전 세계는 유대인들의 세상이다. 그것도 글로벌 네트워크를 가진 유대인을 알아야 한다. 감사하게도 대인 네트워크의 핵심 VIP가 나의 프렌드들이다.

그래서 나는 소망한다. 한국의 대학과 이스라엘의 대학이 만나 공동으로 연구하고 팀을 만들어 공동으로 창업을 하여 미국의 실리콘 밸리로 진출하는 그 날이 오기를 소망한다. 그 날이 오기 위해 내가 할 수 있는 최선을 다하고 싶다. 내가 가진 유대인 네트워크를 통해 한국의 대학과 청년들에게 희망을 줄 수 있는 어른이 되고 싶다. 어서 빨리 그 날이 오기를 소망하며 열심히 한국과 이스라엘의 네트워크를 만들고 있다.

한국,
글로벌 창업에 도전하라

───── ✡ ─────

한국의 경제는 두 말 할 것 없이 대기업을 키우면서 재앙이 시작되었다. 특히 삼성 공화국이라 불리는 한국은 만약 삼성이라는 거대한 기업이 침몰하면 헤쳐 나올 길이 없다. 왜냐하면 그만큼 삼성이 차지하는 비중이 한국이라는 국가에 이제는 도움도 되지만 망할 수 있는 단초를 제공하기도 한다. 마치 핀란드의 노키아가 파산했을 때 국가 경제가 흔들린 것처럼 말이다.

그래서 나는 오래 전부터 제2의 삼성을 키워야 한다고 했다. 그것도 대기업이 아닌 스타트업을 통한 글로벌 강소기업을 키워야 한다고 주장했다. 왜냐하면 또 다시 삼성 같은 대기업을 키우는 것은 불가능하다. 국가가 나서서 아무리 삼성 같은 기업을 키운다 하더라도 그냥 되는 것이 아니다. 시대적 상황이나 글로벌적인 환경과 뛰어난 기술력을 가져야 하는데 그것이 그렇게 말처럼 쉬운 것이 아니다.

그리고 유통망과 A/S망을 글로벌하게 가진다는 것은 하늘의 별 따기만큼 어려운 일이다. 한국에서나 외국에서 만든 물건이 지구상에 어느 나라에 가도 유통과 A/S가 된다는 것은 엄청난 천문학적인 금액을 지불해야 하는 것이다. 돈으로 환산할 수 없을 만큼 시간과 천문학적인 돈이 지불되더라도 글로벌 경쟁력을 갖춘다는 것은 그 다음에 치러야할 숙제이기 때문이다.

그래서 이스라엘은 대기업이 없다. 이스라엘은 제조업부터 IT에 이르기까지 대기업을 만드는 것을 포기했다. 왜일까? 우리처럼 천문학적인 금액을 치르고 제조업과 거대기업을 이룬다는 것이 그리 쉽지 않다는 것을 잘 알고 있기 때문이다. 그래서 이스라엘은 대기업을 키우는 것 대신에 강소기업 글로벌 스타트업을 키운다.

이제 이스라엘에서는 글로벌 스타트업을 키워 엄청난 천문학적인 돈을 벌고 있다. 글로벌 스타트업 기업을 하나 키우면 상상할 수 없는 돈을 벌 수 있다. 특히 이스라엘 글로벌 스타트업의 장점은 기업이 매각될 때 우리의 상상력을 초월한 비즈니스 규모를 자랑한다는 것이다. 이런 글로벌 스타트업 기업들이 벌어들이는 돈은 우리나라 삼성전자를 살 수 있는 금액이다.

예를 들어 2017년 글로벌 M&A 중에서 가장 핫한 비즈니스 거래는 모빌아이와 인텔의 거래였다. 이스라엘의 작은 스타트업 기업인 모빌아이가 글로벌 대기업인 인텔사에 '인공지능 눈'을 17조 5,600억에 팔았다. 이제까지 글로벌 스타트업 M&A 역사상 가장 큰 금액이었다. 이게 바로 한국의 창업과 이스라엘의 창업이 격이 다른 이유이다.

그런데 이 엄청난 M&A 비즈니스 거래에 간과해선 안 될 비밀이 있다. 나는 이것을 설명할 때 세 가지 이유를 든다.

1. 유대인들은 창업을 할 때 1인 기업을 하더라도 영어로 홈페이지를 제일 먼저 만들어 글로벌하게 시작한다.
2. 유대인들은 독자적인 기술을 개발하지 않는 창업을 하지 않는다. 세계 유일의 기술력을 목표로 기필코 그 기술을 개발한다.
3. 유대인들은 투자자를 먼저 모은 후 창업을 시작한다.

이 세 가지 이유를 우리 한국의 창업자들에게 설명을 하면 어떨까? 우리 한국에 이렇게 창업을 하는 친구들이 있을까? 나는 늘 정부관계자들을 만나거나 창업의 정책 브레인을 만나면 이스라엘의 글로벌 창업에 대한 실상을 이야기한다. 이런 창업에 대한 인프라가 있지 아니하면 한국은 계속해서 창업에 대한 신기루나 헛발질을 계속하다 끝나는 상황이 올 것이다.

그럼 선배 어른들은 무엇을 해야 할까? 당연히 한국의 청년들에게도 이스라엘의 글로벌 창업에 대한 인프라 환경을 만들어 주어야 한다. 요즘 내 고민이 이런 글로벌 창업에 대한 인프라를 깔 수 있는 어른들을 만나 청년들에게 희망을 주는 것이다.

밥 한 술에 배부를 수 없다. 나도 이제 하늘의 뜻을 깨닫는 오십 대 '지천명'의 나이이다. 하루 아침에 이스라엘이 쌓은 글로벌 창업 인프라를 한국이 가질 수는 없다. 그러나 나의 시도가 한국의 청년들에게 글로벌 창업을 꿈꾸게 할 수 있다면 얼마나 좋을까? 나는 한국의 청년들

▲ 인텔과 모빌아이, BMW가 자율주행차 개발을 위해 협력하고 있다.(출처: ChristofStache/AFP/GettyImages)

이 얼마나 똑똑하고 창의력이 좋은지 알고 있다.

나는 한국의 청년들에게 글로벌이란 옷을 입혀주고 싶다. 나 혼자만 잘 먹고 잘 사는 세상이 아니라 우리 모두가 꿈꾸고 행복한 세상을 물려주고 싶다. 그것을 이루는 가장 좋고 건강한 방법은 '글로벌 창업'이다. 그것도 이스라엘이 이루고 있는 창업 모델을 한국의 청년들이 배울 수만 있다면 얼마나 좋을까? 그래서 나는 오늘도 글로벌하게 움직이고 있다.

글로벌 비즈니스
CEO들이 모이는 이스라엘

—— ✡ ——

지금 세계는 총성이 없는 글로벌 경제 전쟁을 벌이고 있다. 자칫하면 국가도 통제할 수 없는 오직 글로벌 회사만이 존재하는 시대가 올 수 있다. 그만큼 세계는 먹고 사는 문제에 직면해 있다. 산업혁명이 가져다준 놀라운 변혁이 전자혁명을 거쳐 지금은 4차 산업혁명으로 속도를 내고 있다. 변화하는 글로벌 경제 전쟁에서 살아남는 것이 화두이다.

세계의 글로벌 회사들이 눈을 뜨면 망하고 있다. 거대한 덩치를 가지고도 그들이 직면해 있는 문제는 '생존'이다. 공룡이 먹을 것이 없어지면 작은 새들보다 먼저 죽는다. 새들이야 조금만 먹어도 되지만 공룡은 어마어마한 식사량을 가지고 있기 때문이다. 그만큼 경제가 어려워

▲ 알리바바 창업자 마윈 회장이 텔아비브 대학에서 명예박사 학위를 받고 있다.

지면 작은 회사보다 큰 덩치를 가진 회사들이 생존을 걱정해야 하는 것이다.

이제 세계는 G2로 재편되고 있다, 미국과 중국이 총성 없는 전쟁을 벌이고 있다. 미국은 힘을 가지고 있고 중국은 미국 국채와 달러를 가지고 있다. 서로 우르렁대고 대놓고 싸우고 있지만 결국 미국이 이기는 게임으로 끝난다. 왜냐하면 미국과 중국이 붙으면 미국보다 중국이 잃을 게 더 많다. 아직 중국은 등소평의 예언대로 2025년까지 미국과 대적하지 말아야 한다는 그의 유언을 되새겨야 할 것이다.

그런데 나는 미국과 중국의 싸움의 진정한 승자는 미국도, 중국도 아닌 '이스라엘'이라도 본다, 왜냐하면 이스라엘은 미국을 실질적으로 지배하는 나라이다. 미국에 사는 유대계 아메리칸들은 미국 내에 엄청난 권력을 가지고 있다. 트럼프만 하더라도 유대인의 동네 뉴욕에서 태어나 잔뼈가 굵은 사람이다. 그의 주변에는 온통 유대인의 장막에 가려 친 유대주의 정책을 펼치고 있다.

그런데 변방에 있다고 생각했던 중국의 경우는 다르다. 아직도 중국사람들은 이스라엘에 들어가려면 입국 전에 비자 심사를 받아야 한다. 그만큼 두 나라는 아직 먼 나라이다. 그러나 5년 전부터 가끔씩 중국 사람들을 이스라엘 경제의 수도 텔아비브에서 볼 수 있었다. 최근 필자가 2, 3년간 이스라엘의 텔아비브에서 흔히 볼 수 있는 사람들이 '중국 사람들'이다.

처음에는 이들이 관광객인 줄 알았다. 그러나 내가 만나는 이스라엘 VIP들과의 만남에서 중국 VIP들을 자주 목격하였다. 때로는 중국의 유명한 글로벌 CEO들과 이스라엘에서 만나 미팅을 가진 적도 있었다.

처음에는 중국의 글로벌 CEO들이 이스라엘의 텔아비브에 오는 것이 신기하였다. 그러나 시간이 흐를수록 중국 글로벌 CEO들은 분명한 목적을 가지고 이스라엘에 오고 있다.

중국이 자랑하는 알리바바 마윈 회장의 텔아비브 대학 명예박사 수여식이 있었다. 이스라엘의 텔아비브 대학은 세계적인 대학이다. 이미 세계적인 글로벌 CEO들을 배출한 글로벌 대학이다. 이 대학이 중국의 글로벌 CEO들에게 관심이 많다. 이미 이 대학은 중국의 글로벌 CEO들을 불러 모아 텔아비브 대학의 동문으로 조직을 만들어 가고 있다.

텔아비브 대학의 총장과 대외 부총장, 이사장이 나와 베스트 프렌드이다. 특히 이 대학의 이사장인 기오라 야론은 우리 KIBC의 이스라엘 대표이자 나의 이스라엘 절친이다. 항상 이스라엘에 출장을 가면 기오라 이사장은 나에게 한국의 재벌들이 이제는 이스라엘에 관심을 가져야 한다고 한다. 왜냐하면 중국의 내로라 하는 글로벌 회장들이 이미 텔아비브 대학의 동문들이기 때문이다.

중국의 알리바바, 텐센트, 바이두 같은 이름난 열거해도 대단한 글로벌 CEO들이 이스라엘의 텔아비브에 와서 돈을 풀고 있다. 특히 의료, 메디컬, IT 분야에 엄청난 투자를 하고 있다. 이스라엘 최고 기술을 가진 회사들을 쓸어 담고 있다. 어마어마한 자금을 가지고 이미 검증이 끝난 이스라엘의 회사들을 종목별로 사들이고 있다.

왜 중국의 넘버원 회사들이 이스라엘에 와서 돈 보따리를 풀고 있을까? 왜 이스라엘이 보유하고 있는 세계 최초, 세계 최고의 기술을 중국이 발견하고 여기에 투자를 하는 것일까? 중국의 미래가 이스라의 기술력에 달려 있기 때문이다. 이것은 우리에게 무엇을 의미하는 것일까? 우리도 더 늦기 전에 이스라엘에 투자 또는 합작 회사를 만들어 진출해야 한다는 것이다.

그리고 한국의 똑똑한 인재들을 이스라엘에 보내어 그들이 가지고 있는 교육과 문화를 배워야 한다. 우리가 한국전쟁 이후 잘 살게 된 것이 가난하고 어려운 시절 미국의 대학에 한국의 인재들을 유학시켜 그들이 한국으로 돌아와 미국에서 공부하고 배운 것들을 바탕으로 기업과 정부에서 활약했기 때문이다. 나는 한국의 청년들이 세계 경제를 이끌고 있는 이스라엘에 더 많은 학생들을 유학시켜야 한다고 생각한다.

이스라엘이 가지고 있는 글로벌 스타트업의 장점은 셀 수 없이 많다. 그중에서 언어와 문화를 통해 전 세계 네트워크는 세계적인 리더들을 배출해 내고 있는 현실을 우리는 인정해야 한다. 중국의 글로벌 CEO들이 이스라엘과 함께 손잡기 전에 한국이 중국보다 먼저 이스라엘에 가서 그 나라와 미래 운명 공동체를 엮어야 한다.

시간이 없다. 이제 한국이 조금만 늦으면 이스라엘이 가지고 있는 한국에 대한 좋은 감정과 분위기를 놓칠 수 있다. 왜냐하면 유대인들은 실리적이고 머니에 강하다. 만약 한국이 이스라엘이 원하는 것을 주지 않는다면 중국사람들이 와서 이스라엘과 손잡고 아시아의 맹주로 자리잡을 것이다. 내 얘기가 아니다. 이것은 이스라엘에 진출해 있는 중국의 글로벌 기업들이 이스라엘에 주고 있는 메세지이다.

왜 알리바바, 텐센트, 바이두 같은 글로벌 CEO들이 앞다투어 이스라엘에 가서 투자를 하고 합작회사를 하고 있을까? 이미 알리바바는 이스라엘의 높은 인적자원과 기술력을 알고 투자를 하고 있다. 텐센트는 스마트 팜에 이미 어마어마한 돈을 투자했다. 바이두는 인공지능 눈을 개발한 모빌아이와 자율주행 기술 개발에 투자를 하였다.

이노베이션은 아무나 하는 것이 아니다. 죽을 욕을 먹을 각오를 하고 죽음을 각오하고 혁신을 위해 죽어야 한다. 요즘 청년들이 안전과 평안에 사로잡혀 공무원 시험과 대기업 취업에만 혈안이 되어 있다. 나는 한국의 청년들에게 왜 중국의 글로벌 CEO들이 이스라엘에 와서 투자를 하는지 알려주고 싶다. 아니 한국의 정부가 미래 청년들의 먹거리를 위해 이스라엘에 투자해야 하지 않을까? 그런데 그날이 빨리 오지 않아 괜시리 걱정이 된다. 바라건대 나의 고민이 기우가 되었으면 좋겠다.

이스라엘 혁신청(IIA)
이야기

─── ✡ ───

이스라엘은 연구하면 연구할수록 매력이 넘치는 나라이다. 왜냐하면 인구 900만의 작은 나라가 전 세계에서 찾아볼 수 없는 훌륭한 기술과 문화유산을 가지고 있기 때문이다. 특히 아랍 인구 13억과 항상 대치하고 있는 상황에서 생존의 위협까지 안고 있기 때문이다.

그래서 이스라엘이 국가적으로 나서서 중요시 여기는 것이 있다. 그것은 국가의 미래 먹거리를 정부가 직접 나서서 결정하고 도와주는 것이다. 이스라엘은 이미 1969년부터 기술 개발 중심의 경제정책을 결정하는 최상위 기관인 수석과학관실을 만들었다.

이스라엘 총리가 수장이 되어 초창기 농업 및 국방 기술을 중심으로 이스라엘의 기술력을 세계적인 수준으로 끌어올리기 위한 각종 기술 및 경제정책을 수립하였다. 이것을 OCS(Office of Chief Scientist)라고 한다. 이것은 정부와 민간인이 섞여 만든 독특한 구조이다.

예산은 정부 예산이지만 운영은 철저히 민간 중심으로 한다. 이 기관의 직장인들은 공무원 신분이나 민간이 운영하는 기관이다. 이게 무슨 이상한 이야기인가? 돈은 정부 예산으로 쓰고 기관의 운영은 민간인이 한다는 것이 무엇일까?

이스라엘만이 가지고 있는 독특한 구조이다. 민간인과 공무원이 하나가 되어 일을 같이 한다는 것은 무엇을 의미하는 것일까?

이 구조가 가능한 것일까? 이스라엘만이 할 수 있는 구조이다. 공무원 조직에 민간이 운영을 하여 더 효율적이고 탄력적인 시스템을 만든 것이다.

1969년부터 시작이 된 이 기관은 2016년 또 다른 변신을 시도했다. OCS로 불리는 기관으로 더 이상 개혁이 되지 않으니 다른 새로운 모델을 만들어 다가오는 미래의 먹거리를 개발하고 있다. IIA(Israel Innovation Authority)라고 불리는 새로운 기관을 창설하였다.

이스라엘의 수석과학관실의 혁신성의 자유도를 더하기 위한 사업의 개편 및 확장 방안으로 이스라엘 혁신청으로 개편하였다. 이스라엘의 민간영역 최고의 전문가를 조직의 수장으로 임명하였다. 이스라엘 혁신청은 민간인 최고의 전문가가 조직의 CEO가 된다.

이스라엘 혁신청의 회장은 '아미 알프바움'이다. 그는 실리콘 밸리의 최고 기술력을 보유한 KLA Tencer CEO였다. 이 회사는 반도체 기술 분야에서 시가 총액 560억 달러(한화 66조 원)의 세계 최고의 기술력 회사의 사장이었다. 민간 기술 분야의 최고 CEO를 이스라엘 혁신청의 회장으로 모시는 것이 이스라엘의 모습이다.

이스라엘 혁신청의 사장은 세계 최고의 통신 분야의 기술력을 보유한 RAD그룹의 '드로 빈'을 임명하였다. 라드그룹은 한국에서 알려져 있지 않지만 이미 뉴욕 나스닥에 3개의 기업을 상장시킨 이스라엘의 대표적인 IT 혁신 기업이다.

이스라엘 혁신청의 최고 회장과 사장이 실리콘 밸리의 민간 글로벌 기업에서 최고의 역량과 글로벌 성과를 낸 CEO들을 영입하여 공무원 조직에 민간인 기업의 시스템을 융합한 최고의 조직을 만들어 내는 것이 이스라엘이 가진 힘이자 미래 먹거리를 얼마나 중요시 여기는지 보여주는 것이다.

이스라엘 혁신청의 주요 사업은 여섯 개로 나누어진다.

1. 기술 기반 창업가 양성을 위한 이뉴베이팅 사업
2. 스케일업 기업을 위한 R&D 개발 프로그램
3. 기술혁신을 위한 각종 시설 및 인프라 조성 사업
4. 글로벌 협력을 위한 환경 조성 및 기업 유치
5. 제조업 분야 혁신을 위한 각종 지원 및 프로그램 조성
6. 지역별 혁신 환경 조성을 위한 정책 및 사업 추진

이스라엘 혁신청은 혁신을 위한 혁신으로 민간 리더십에게 완전한 책임과 권한을 이양한 세계 최초이자 대단히 혁신적인 조직이다. 이 지구상에서 이스라엘만이 할 수 있는 유일한 기관이자 공무원과 민간 경영자들이 서로 협력하여 만들고 있는 모델이다.

2023년 현재 이스라엘 혁신청의 사업 모델은 현재에 있지 않다. 다가올 이스라엘의 미래 30년 먹거리 사업을 두고 정책과 기술 개발을 실험하는 곳이다. 당장 돈이 안되더라도 미래의 먹거리를 만들기 위하여 한해 5,000억을 투입하여 정책 수립 및 기술 개발을 지원하고있는 기관이다.

우리나라에도 비슷한 기관이 있었다. 박정희 대통령 시절 경제 개발 5개년 계획을 위한 기관을 설립하고 지금의 조선, 반도체, 제조를 키웠

다. 지금 한국이 부유한 국가로 발돋음할 수 있었던 것은 이때부터 미래를 위한 준비를 하였기 때문이다.

과연 우리나라의 미래 먹거리 사업은 무엇일까? 우리는 미래를 위하여 무엇을 준비하여야 할까? 우리의 주력 사업은 무엇이 될까? 독재로 얼룩졌던 박정희 정권의 반민주적인 비상식은 적어도 국가의 미래 먹거리 사업을 튼튼히 하였기 때문에 재평가를 받아야 한다.

한국의 미래는 어떻게 되어가고 있을까? 한국의 최고 두뇌들이 모여 미래의 먹거리를 준비해야 한다. 나는 이것을 하기 위하여 이스라엘 혁신청의 시스템을 공부하고 대표들을 만나고 그분들과 함께 토론을 하였다.

나는 감히 한국에 이런 혁신청을 두고 싶다. 비록 내가 대통령은 아니지만 내가 대통령이라면 '한국 미래 혁신청'을 만들고 싶다. 그래서 미래 30년 뒤에도 한국의 미래가 G7에 들어가는 강국을 만들고 싶다. 똑똑한 사람은 세상에 많다. 그러나 국가를 위하여 구슬을 꿸 수 있는 사람은 적다.

리더는 적재적소에 필요한 인재와 정책을 개발하여 하나의 팀으로 묶어 시너지 효과를 만드는 것이다. 국가의 대통령과 장관은 미래 국가의 먹거리를 고민하고 개발하고 정책을 입안하고 실행하는 일을 하는 자리이다.

한국에도 이스라엘과 같은 혁신청을 두어 한국의 30년 이후를 준비해야 한다. 만약 우리들의 자녀들이 맞이하는 미래가 불투명하다면 어떻게 할까? 지구촌은 총성 없는 전쟁의 시대를 맞이하고 있다. 총이 없이 사람을 죽일 수 있는 시대가 온 것이다.

우리는 어떻게 미래를 맞이해야 할까? 우리가 미래를 준비하지 않으면 우리가 아닌 우리들의 자녀들이, 후손들이 고스란히 그 피해를 당한다. 우리들의 자녀들에게 무엇을 물려줄 것인가? 우리가 고민하지 않으면 우리 선배들이 겪었던 가난을 다시 물려주어야 할 것이다.

미래는 준비하는 자의 몫이다. 미래를 어떻게 준비할 것인가? 우리는 어떻게 하면 떳떳한 선배로 후배들에게 자랑스런 미래를 물려주기 위하여 지금 할 수 있는 것이 무엇이 있을까? 우리 기득권 세력들이 사심을 버리고 미래를 준비하지 않으면 국가적 재난이 올 수 있다.

자연재해적 재난이 아니라 글로벌 시대에 뒤떨어진 경쟁의 시대에 국가가 나서지 않는다면 한국의 미래는 암울해질 것이다. 남미가 예전에는 한국보다 더 잘 살았다. 풍부한 지하자원의 힘으로 세계적으로 부강한 나라였다.

그러나 미래를 준비하지 못하였기에 남미는 몰락하였다. 미래는 국가가 무대를 만들어 주어야 한다. 즉 다시 말하면 국가가 디렉션을 주지 않고 개인이 방향성을 결정하는 것은 위험하고 느린 일이다. 어떻게 할 것인가? 더 좋은 미래를 위하여 국가는 무엇을 할 것인가? 지금 국가가 이것을 고민하지 않으면 우리는 남미처럼 될 것이다.

우리의 자녀들에게 무엇을 물려 줄 것인가? 이것이 우리 어른들이 해야 할 일이고 우리가 살고 있는 사회가 책임져야 할 일이고 우리의 국가가 해야 의무이다. 국가가 이 문제를 고민하지 않으면 우리의 자녀들은 가난을 유산으로 물려받을 수 있다.

"우리 자녀들에게 어떤 세상을 물려줄 것인가?"

이스라엘 창업의 메카
텔아비브 대학

———— ✡ ————

이스라엘을 떠올리면 제일 먼저 생각나는 것이 무엇일까? '예루살렘'
이다. 이스라엘을 생각하면 모든 사람들의 첫 번째 인상이 예루살렘이
라고 할 것이다. 왜냐하면 예루살렘은 이스라엘의 상징이기 때문이다.
그런데 세계 경제계를 리드하는 사람에게 이스라엘을 떠올리면 무엇
이 가장 생각이 날까? '텔아비브'라고 대답할 것이다.

예루살렘은 종교의 도시이다. 성경에 나오는 이미지가 강해 이스라엘
은 예루살렘이라고 착각하는 사람이 많다. 나 역시 이스라엘을 처음
접하고 나서 예루살렘을 떠올렸다. 그래서 나는 한국이스라엘기업협
의회를 예루살렘에서 처음 열었다. 그런데 협의회를 마치고 텔아비브
에 가서 3일을 머물면서 나의 생각이 잘못되었다는 것을 알게 되었다.

예루살렘이 이스라엘의 수도라면 '텔아비브'는 이스라엘 경제의 수도
이다. 그리고 텔아비브에 가면 마치 유럽의 휴양지에 온 듯하다. 끝없
이 펼쳐지는 해변가에 세계 유명 체인의 호텔들이 줄지어 건설되어 있
다. 나는 3일 동안 텔아비브 해변 르네상스 호텔에 머물면서 이스라엘
에 대한 생각들을 완전히 바꾸고 정리하게 되었다.

텔아비브는 실리콘 밸리를 옮겨놓은 듯했다. 어디를 가도 창업을 통해
세계적인 기업이 된 회사들을 텔아비브에서 흔하게 볼 수 있었다. 예
를 들어 셀프 홈페이지를 만드는 WIX.COM이나 구글에 1조 6천억에

팔린 'waze mobile' 등 스타트업에서 대박이 난 기업을 흔하게 볼 수 있다. 이스라엘 창업의 심장이 텔아비브에 있었다.

그중에 이스라엘 창업의 핵심을 '텔아비브 대학'의 창업센터 'STARTAU'에서 찾아볼 수 있다. 이곳은 텔아비브 대학의 소속인데 독특한 구조를 가지고 있다. 텔아비브 대학 학생유니온의 지분이 10%, 대학의 지분이 10%, 나머지 80%는 기업이 창업센터를 지원하는 구조를 가지고 있다. 각자의 독특한 영역과 자율성을 가지고 이스라엘 창업이 역동적으로 움직이고 있었다.

내가 텔아비브 대학 조셉 클라프트 총장을 만난 것은 2012년 가을이었다. 내가 조직하여 간 '한국 차세대 벤처기업협의회' 대표들을 모시고 간 자리에 우리를 텔아비브 대학에 초대해 주었다. 약 한 시간에 걸쳐 친절하게 직접 조셉 클라프트 총장님이 나와 텔아비브 대학에 대해 설명을 해 주었다. 나는 그때 받은 충격이 컸다.

왜냐하면 나는 텔아비브 대학 같은 세계적인 대학의 총장이 직접 나와 우리를 환영해 줄지 몰랐었다. 나는 한국의 대학교 총장은 딱 한 분과 친하다. 나는 서울대학교 총장, 연대나 고대 같은 대학교 총장은커녕 교무처장도 잘 모른다. 아니 더 정확히 알고 싶지도 않다. 만약 내가 그분들을 만나려고 하면 엄청난 빽과 노력을 들여야 할 것이다.

그러나 그 이후 나는 자유스럽게 조셉 클라프트 총장과 교제를 하고 있다. 그의 집무실과 사석에서 만나 이야기를 나누며 한국과 이스라엘의 대학 간 교류와 정부 부처의 MOU를 주선하고 있다. 무엇이 글로벌일까? 간단하다. 글로벌 네트워크는 전 세계에 있는 유대인 네트워크를 알면 그것이 글로벌이다. 지금 전 세계를 움직이는 것이 누구인가? 유대인이다.

내가 이제까지 한국과 이스라엘의 교류와 양국 간의 발전을 위해 제일 많이 도와준 것이 '텔아비브 대학교'이다. 한국의 대학과 이스라엘의 텔아비브 대학과 교류를 하려고 하면 수준이 맞아야 한다. 즉 다시 말해 대학교 간의 수준과 교수들의 공동 연구 및 학생들의 교환학생 프로그램 등 서로 직접적인 교류와 연구가 있어야 한다.

그런데 한국의 정부 부처와 대학교는 수박 겉핥기만 한다. 예를 들어 한국과 이스라엘의 정부 부처와 대학교가 MOU를 하면 후속 조치로 서로 연구진과 학생들이 교환으로 오고 가야 한다. 특히 이스라엘 창업을 이끌고 있는 텔아비브 대학과 연계하여 공동창업이 이루어져야 한다. 그런데 이스라엘은 준비가 되어 있는데 한국 쪽이 준비가 되어 있지 않다.

창피하지만 솔직히 한국과 이스라엘이 교류와 직접적인 후속 조치가 안 되는 이유는 간단하다. 클래스의 차이이다. 이스라엘은 글로벌 최고이고 한국은 어중간하다. 수준 차가 나는 것이다. 그러면 어떻게 가능할까? 죄송한 이야기이지만 우리 한국이 목숨 걸고 이스라엘에 가서 배워야 한다. 이스라엘 창업을 배우기 위해 가장 좋은 방법은 무엇일까?

나는 한국에서 가장 똑똑한 대학생이나 청년들 30명의 특공대를 뽑아 텔아비브 대학의 창업센터인 'STARTAU'에 가서 배워야 한다고 생각한다. 그리고 그 다음 그들과 함께 한국과 이스라엘의 '드림팀'을 만들어야 한다고 생각한다. 우리는 실리콘 밸리로 진출하려고 한다. 그러나 실리콘 밸리는 우리를 반겨주지도 않고 우리를 대접해 주지도 않는다.

▲ 텔아비브 대학 총장실에서 조셉 클라프터 총장과 함께

실리콘 밸리가 반겨주는 유일한 나라는 '이스라엘'이다. 이미 실리콘 밸리는 '유대인 마피아'가 장악하고 있다. 그래서 우리는 이스라엘 창업을 배워야 한다. 그것도 이스라엘 창업의 핵심인 텔아비브 대학의 'STARTAU'에서 이스라엘의 가장 똑똑한 청년들과 진검승부를 벌여야 한다. 그리고 이들과 공동창업팀을 이루어 실리콘 밸리로 진출해야 한다.

나는 이미 텔아비브 대학과 이런 준비를 다 끝내놓고 한국의 청년들을 준비하고 있다. 글로벌 스타트업의 핵심은 '사람'이다. 그것을 이루어 줄 수 있는 텔아비브 대학과 토킹을 끝냈다. 조셉 클라프트 총장과 기오라 야론 텔아비 대학교 이사장이 나의 가장 이스라엘의 절친이다. 이들이 나를 도와 한국의 실리콘 밸리 진출을 도와주고 있다.

문제는 한국의 정부와 대학교가 반응을 하지 않는다는 것이다. 내가 한마디만 질문하겠다. 한국에서 글로벌 스타트업의 모델이 있는가? 왜 없는가? 이유는 간단하다. 실리콘 밸리 같은 곳에서 글로벌 스타트업을 하기 위해 진출하고자 도와줄 수 있는 시스템이나 조력자가 없는 것이다. 그것은 우리가 아직도 글로벌 스타트업에 대한 정확한 이해가 없기 때문이다.

USB를 개발한 도브 모란은 나에게 늘 충고해 준다. 한국의 똑똑한 청년 스타트업을 필자가 추천하면 실리콘 밸리의 핵심 벤처 캐피털(VC)과 어드바이저를 소개하고 도와주겠다고 한다. 그래서 나는 한국의 글로벌 스타트업을 할 수 있는 청년들을 찾고 있다. 그리고 그들을 훈련하고 있다. 그 커넥터가 텔아비브 대학이고 가장 핵심이 조셉 클라프트 총장과 기오라 야론 이사장이다.

한국의
이스라엘 대사들

— ✡ —

내가 이스라엘을 처음 접하게 된 2011년부터 지금까지 세 분의 이스라엘 대사를 만났다. 지금도 그분들과 함께했던 시간들을 생각하며 즐거운 추억을 떠올린다. 내가 이 글을 쓰는 이유는 세 번째 이스라엘 '하임 호센' 대사를 만났기 때문이다. 이스라엘 건국 69주년, 한국 이스라엘 수교기념 55주년을 맞이하여 남산의 '하얏트 호텔'에서 만남을 가졌다.

내가 처음 만났던 '투비야' 이스라엘 대사는 한국의 평범한 이웃집 아저씨 같은 분이셨다. 격의없고 평범하고 친절한 이웃집 같은 투비야 대사는 나와 함께 최초로 한국이스라엘기업협의회(KIBC)와 에후드 올메르트 전 이스라엘 총리 만찬 그리고 한국의 젊은 기업인들과 미팅을 함께한 추억을 가지고 있다. 그는 매사에 적극적으로 우리 그룹과 이스라엘의 행사를 도와주었다.

만약 투비야 대사가 없었다면 지금 한국이스라엘기업협의회와 한국이스라엘비즈니스포럼(KIBF)은 없었을 것이다. 박근혜 정부 들어 수많은 단체와 정부기관들이 이스라엘의 창업경제를 카피하고 있었다. 그러나 나는 그것이 그리 오래 가지 않을 것이라고 예상했었다. 왜냐하면 한국과 이스라엘을 연결하는 사람들의 내면에는 진정한 양국의 이해와 역사와 철학을 가지고 접근하는 사람이 많지 않았다. 갑자기 치킨 집이 돈을 많이 번다고 하니 모든 가게들이 치킨집을 차리는 것 같은 과열현상이 벌어졌다. 박근혜 정부 초기에 모든 세미나들은 이스라엘의 창업관련 포럼과 세미나들이었다. 그런데 과연 지금까지 이스라엘의 전문적인 네트워크와 이스라엘 글로벌 창업 리더들이나 기관들과 교류하고 연결하는 사람들이 몇이나 있을까?

나는 그동안 외로운 싸움을 하여야만 하였다. 왜냐하면 정부의 지원을 한푼도 안받고 오직 민간 벤처기업인들을 모아 말 그대로 이스라엘의 '글로벌 리더'들과 교류하고 비즈니스 포럼을 하고 MOU를 하느라 7년간 하루도 편할 날이 없었다. 한마디로 수준 차이를 따라가기 위해 수많은 날들을 밤을 새워가며 공부하고 연구하고 수천 통의 이메일들을 보냈다.

그때 처음 나에게 이스라엘의 '후츠파' 정신을 가르쳐 주신 분이 '투비야' 이스라엘 대사였다. 그는 친절하게 우리를 비즈니스 파트너로 인정해 주었고 그와 함께 즐겁게 한국과 이스라엘의 정부기관 및 이스라엘의 글로벌 기업들을 연결하였다. 늘 후덕한 미소와 친절한 얼굴로 대했던 '투비야' 이스라엘 대사는 나에게 큰형 같은 존재였다.

두 번째 이스라엘 대사는 '구트만'이었다. 그는 한국에 오기 전 대만대사로 글로벌 경험을 쌓고 동양에 대한 지식이 많은 분이셨다. 그가 한국에 부임하였을 때가 한국이 이스라엘에 대해 관심이 매우 많을 때였다. 한국에서 하는 모든 세미나와 국제 포럼이 그가 한국에서 재임하였을 때였다. 그는 기업 친화적 마인드가 몸에 밴 전형적인 기업인 우대 대사였다.

그와 함께 한국이스라엘비즈니스포럼을 개최하였다. 하얏트 호텔에서 '창업 국가' 이스라엘의 글로벌 기업인들을 초청하여 국제적인 포럼을 같이 하였다. 한정화 중소기업청장님과 윤종록 미래창조과학부 차관이 함께 한 제2회 한국이스라엘비즈니스포럼은 '구트만' 대사의 전폭적인 지지와 후원으로 이루어졌고 성공적으로 마쳤다.

그것을 계기로 제3, 4회 한국이스라엘비즈니스포럼도 성공적으로 진행되었다. 그 기간 동안 '구트만' 대사와 이스라엘 대사관의 도움이 없었다면 지금의 우리 한국이스라엘기업협의회가 제대로 역할을 하지 못했을 것이다. 내가 만난 두 분의 이스라엘 대사는 선이 분명하고 색깔이 다르지만 모두 이스라엘을 향한 애국심이 대단하였다.

그리고 이번에 세 번째 나의 이스라엘 대사는 '하임 호셴'이다. 처음 그와 함께 한 자리에서 나는 그가 매우 사려깊고 훌륭한 분이라는 것을 직감하였다. 특히 장애인 자녀를 두어 장애인을 위한 배려와 정책에 관심이 많았다. 그는 한국에 대해 연구를 많이 하신 분 같았다. 내가 안철수 대통령 후보를 아느냐는 질문에 그가 이렇게 대답하였다.

'한국의 스티브 잡스'. 그는 겉으로는 웃고 있었지만 전형적인 유대인의 날카로움과 냉철함이 있었다. 그와 함께 앞으로 한국과 이스라엘의 교류와 일들이 기대가 되었다. 나는 이스라엘이 좋다. 왜냐하면 아무리 생각해도 한국의 미래 모델은 '이스라엘' 외에는 다른 대안이 없다. 나는 미래학자도, 예언자도 아니다. 그러나 나는 미래를 읽을 수 있는 힘과 지식이 있다.

이스라엘을 보면 한국의 미래를 볼 수 있다. 정치, 경제, 문화, 역사가 우리 한국과 너무 같다. 특히 요즘 대기업의 구조를 개혁한 이스라엘의 예는 지금 한국이 시기를 놓치면 우리는 대기업의 노예가 될 수밖에 없다는 생각이 들게 한다. 그래서 나는 친이스라엘 한국인이다.

내가 목숨 걸고 만든 이스라엘 글로벌 네트워크를 한국의 정부와 기업인과 리더들에게 소개하려고 한다.

왜? 나는 어떤 일을 할 때 나에게 질문하는 것이 두 가지가 있다.

> 1. 나 아니면 그 일을 할 수 없나?
> 2. 그 일을 하기 전에 내가 그 일에 대한 '가치와 철학'이 있나?

나에게는 미안하기도 하고 감사하기도 한 이스라엘의 전문가 역활이 있다.

그동안 한국 정부나 기업인들이 이스라엘을 무시했다. 이상하게 이스라엘은 한국에게 '먼 나라'였다. 왜 그랬을까? 잘못된 선입견과 그릇된 시도가 있었다. 이것은 오히려 나같은 사람이 이스라엘의 전문가가 될 수 있는 호재였다. 그러나 이제는 이것을 대국적인 관점에서 보아야 한다. 왜냐하면 한국이 글로벌 경쟁에서 살아남기 위해서 절대적으로 필요한 것이 '글로벌 유대인 네트워크'이다.

미국의 대통령 '트럼프'를 보라. 그는 전혀 주변 눈치를 보지 않는다. 그러나 오직 그가 눈치를 보는 그룹이 하나 있다. 그것이 바로 '유대인'과 관련된 정책이다. 트럼프는 뉴욕에서 성장했다. 뉴욕이라는 도시는 온통 유대인들이다. 유대인들의 세상이다. 금융, 부동산들은 모두 유대인들의 것이다. 트럼프 대통령은 늘 유대인과 밥먹고 사업하고 생활하였다.

그와 함께하는 백악관 선임고문과 재무부 장관이 유대인이다. 그는 매일 유대인 주변에서 놀고 있다. 우리 한국은 이 사실을 간과하고 있다.

▲ 주한 이스라엘 하임 호센 대사와 함께

미국의 대통령이 유대인의 환경에 성장하고 기업하고 교류를 하고 정책을 만들고 있다. 그러면 우리 한국은 어떻게 해야 할까? 유대인과 친해야 한다. 유대인과 같이 놀아야 한다. 그들과 같이 밥먹고 놀고 기업을 해야 한다.

내가 만난 세 번째 이스라엘 하임 호센 대사의 눈부신 활약을 바란다. 그분과 함께 이스라엘과 한국의 무대가 어떻게 펼쳐질지 기대된다. 그래서 나는 긴 호흡을 하고 있다. 급하게 서두르지 않고 그동안 내가 해왔던 이스라엘의 친한파가 나를 도와줄 것이다. 세계를 리드하는 유대인 네트워크를 그와 함께 한국에 소개할 것이다.

경기도 스타트업
해외 진출 프로젝트

— ✡ —

2017년 9월 추석 연휴가 시작되는 금요일에 한 통의 전화를 받았다. 경기도청에서 걸려온 전화였다. 갑자기 광교의 중소기업 해외투자 진흥원에서 만나자고 하였다. 그렇게 시작한 미팅이 10월말 이스라엘 스타트업의 현장을 보기 위한 출발이었다. 여러 차례 실무진과의 접촉을 통해 경기도가 스타트업의 해외 진출을 위해 이스라엘 모델에 관심을 가지기 시작했다.

직접 경기도 강득구 부지사님과 연정팀장과 주무관, 경기창조혁신센터 손병준 글로벌 본부장과 함께 최종 미팅을 마치고 이스라엘로 향하였다. 이번에는 경기도청의 스타트업 정책 방향을 정하시는 분들을 모시고 가는 이스라엘 출장이라 더욱 의미가 있었다. 그래서 내가 그동안 아껴 두었던 이스라엘의 정관계, 글로벌 기업인들과의 미팅을 주선하였다.

특히 한국 스타트업의 해외 진출이라는 새로운 포석을 준비하는 출장이었다. 한국과 이스라엘의 스타트업 생태계가 무엇이 다른지, 한국의 스타트업이 글로벌한 경쟁력을 가지기 위해 어떤 준비를 해야 하는지, 한국과 이스라엘이 서로 협력하여 글로벌 스타트업 시장을 어떻게 진출해야 하는지 현장에서 볼 수 있는 좋은 기회였다.

이스라엘에 가면 'SOSA'라는 이노베이션 허브가 있다. 이곳은 이스

69

라엘의 벤처 캐피털 기관과 투자자들이 세운 독특한 기관이다. 우리가 말하는 흔한 스타트업 액셀러레이터가 아니라 스타트업 혁신을 만드는 플랫폼이라고 번역을 해야 할까? 2012년부터 이스라엘에 갈 때마다 빠지지 않고 한국의 주요 기관과 창업 대학, 기업들에게 소개하는 곳이다.

이곳이 세계적인 스타트업의 진출이 시작되는 곳이다. 매번 이스라엘에서 한국이스라엘비즈니스포럼을 할 때마다 이곳을 방문하여 왜 이스라엘의 스타트업이 세계적인지를 눈으로 보여주는 곳이다. 오스트레일리아를 비롯하여 세계 각국의 스타트업들이 이곳 SOSA에서 창업 교육을 받고 글로벌한 네트워크를 통해 스타트업 진출을 하고 있다.

또한 이스라엘에 새로운 국가조직이 하나 더 생겼다. 그것은 '이스라엘 혁신청'이라고 불리는 곳이다. 이곳은 과거 이스라엘의 글로벌 스타트업을 양성했던 총리산하 OCS가 IIA(Israel Innovation Authority)라는 것으로 조직이 재탄생되었다. 과거 이스라엘의 글로벌 스타트업을 OCS가 이끌었다면 이제는 IIA라는 새로운 이스라엘의 글로벌 스타트업 기관이 탄생한 것이다.

OCS가 소련 붕괴로 인해 구 소련의 고급 브레인 출신인 소련계 유대인들을 위한 창업 정책을 위한 성공적인 프로그램이었다면 이제는 향후 20년 미래의 이스라엘을 먹여 살리기 위한 정책과 실행을 위한 막강한 권한을 가진 독립적인 정부기구이자 민간이 운영하는 독특한 구조의 이스라엘식 글로벌 스타트업을 위한 새로운 조직이 탄생한 것이다.

3박 5일간의 이스라엘 출장을 끝내고 한국으로 가는 비행기에서 경기창조혁신센터 손병준 본부장의 고백이다. "내가 알고 들었던 이스라엘의 글로벌 스타트업이 왜 강한지를 눈으로 직접 본 것은 경이로웠다.

내가 수백 번 해외출장을 경험해 보았지만 이토록 이스라엘의 글로벌 스타트업을 이끈 놀라운 성장 동력을 보고 느낀 것을 한국에 가서 시도해 보겠다."

고기도 먹어 본 사람이 먹을 줄 안다. 글로벌도 글로벌을 경험한 사람만이 안다. 이스라엘은 세계로 향하는 길목이다. 왜 로마가 그토록 극렬하게 저항하는 이스라엘을 무너뜨리고 이 민족을 그냥 놓아두어서는 안 되겠다는 결론이 나서 유대인들을 전 세계에 흩어 놓았다. 그리고 유대인들은 2,000년 동안 나라 없는 민족으로 유랑생활을 하여야 했다.

그러나 유대인들은 2,000년이 되도록 디아스포라(diaspora)로 떠돌아다녔지만 그들의 언어와 문화를 잃어버리지 않고 민족의 정체성을 지켜내 마침내 2,000년 뒤에 국가의 영토를 되찾았다. 그리고 전 세계를 호령하는 금융, 부동산, IT 강자가 되어 세계를 호령하고 있다. 유대인들은 어떻게 지구상에 없어졌던 나라의 영토를 되찾고 세계에서 가장 강한 경제대국이 되었을까?

'절박함'이다. 자원이 없어서, 국가가 없어서, 영토가 없어서, 석유가 없어서, 땅이 좁아서, 인구가 작아서…. 이스라엘은 안 되는 것이 되는 것보다 더 많이 존재한다. 그러나 이스라엘은 이렇게 안 되는 것을 되게끔 만들었다. 안 된다고 불평하고 원망하고 좌절하고 싶을 때 그들은 안 되는 것을 되게 하려고 절벽에 매달린 심정으로 절박하게 매달려 끝내 해 낸 것이다.

▲ 소사코리아 본사에서 강득구 전 경기도 부지사(현 더불어민주당 의원)와 함께

2017년 이스라엘의 출장은 내게 더 없이 의미 있는 것이었다. 나 역시 이스라엘에 눈도 하나 주지 않는 척박한 현실에서 7년 동안 한국의 기업과 대학교, 정부 기관들을 소개하고 연결해 주었다. 숱한 연결과 MOU를 맺었지만 실질적인 교류와 비즈니스를 하기에는 턱도 없이 한국의 역량이 부족하였다. 그래도 실망하지 않고 지금까지 최선을 다하고 있다.

어제 경기창조혁신센터와 KT가 이스라엘의 SOSA와 비즈니스 협약을 위한 최종 조율을 하기 위해 이스라엘 출장을 간다고 협조를 부탁하였다. 7개월 동안의 물밑 작업 끝에 이루어 낸 성과였다. 그동안 포기하지 않고 묵묵히 달려온 이스라엘의 후츠파 정신이 내게 영향을 주었을까? 이스라엘의 피가 내게 흐르고 있다. 나는 이제 반은 유대인이 되어가고 있는 듯하다.

CHAPTER 02

글로벌
이스라엘 꾸머들

에후드 올메르트
전 이스라엘 총리

———— ✡ ————

이스라엘은 한국의 10%밖에 안 되는 인구와 영토를 가지고 있다. 이런 조그마한 나라가 전 세계의 경제와 권력을 쥐고 지구를 쥐락펴락하고 있다. 이것은 우리에게 무엇을 시사하는가? 작지만 강한 나라가 생존할 수 있는 방법을 이야기해 주는 것이다. 한국과 비슷한 역사와 전통을 가진 작은 나라가 전 세계 강대국들을 대상으로 리드를 해 나가는 것이다.

내 인생에 이스라엘의 국가원수를 만나리라고는 상상도 못했다. 그것도 한국의 대통령이 아닌 이스라엘 총리를 만나리라고는 꿈도 꾸지 못했다. 지금도 그날이 생생하게 기억이 난다. 내가 2012년 3월 9일 하얏트 호텔에서 에후드 올메르트 전 이스라엘 총리를 만난다고 하여 내

▲ 에후드 올메르트 전 총리와 함께

가 아는 지인들을 초청하였다. 반응은 의외였다. 그중에서도 내가 어떻게 해서 이스라엘 총리를 만나는지 궁금해하시는 분들이 많았다.

우연히 조선일보사 초청 '아시아 리더스 컨퍼런스'에 에후드 올메르트 총리가 온다는 소식을 들었다. 그때 에후드 총리의 한국보좌관을 알게 되었다. 주 이스라엘 한인회 회장이었던 분이 소개를 해 주셨다. 그때 내가 그분에게 이런 말을 하였다. 한국의 벤처를 이끌고 갈 차세대 리더들을 소개해 주겠다고 하였다. 그랬더니 에후드 올메르트 총리 사인이 담긴 초청창에 사인이 되어 이메일이 날아왔다.

그때부터 정부관계자들, 주한 이스라엘 대사들, 경호를 맡은 서울경찰청 외사과 직원들까지 나에 대한 신원조회 및 조사가 진행이 되었다. 매일 정부에서 걸려오는 확인 전화와 초청자 리스트를 보내주기까지 적지 않은 의전과 노력이 들었다. 단 한 번도 본 적이 없는 이스라엘의 전직 국가원수를 만나서 양국의 차세대 경제 리더들과 만찬을 한다는 것은 쉬운 일이 아니었다.

가끔 지금 생각해 보면 내가 어떻게 그런 큰일을 벌일 수 있었을까 생각하면 간이 부어서 그랬던 것 같다. 그래도 한국의 젊은 차세대 경제계의 리더들과 함께 전 세계의 경제를 이끌고 있는 이스라엘의 관계 증진을 통해 우리가 배울 수 있다면 가치 있는 일이라고 생각하여 도전을 하였다. 일단 우리 쪽 젊은 벤처기업인들의 참석과 정부 쪽 관계자들을 초청하였다.

내가 조직한 청년 CEO들의 모임이 주축이 되었다. 지금은 중견기업인이 된 시원영어스쿨의 이시원 대표, 이노레드의 박현우 대표, 헬로키티의 김종석 대표, 죽 이야기의 임영서 대표, 아시안스타의 이선용 대표

등 그동안 함께 경영수업과 공동체로 함께했던 젊은 CEO들이 한국대표로 참여하여 에후드 전 이스라엘 총리와 만찬을 하기로 하였다.

국립 국악 연주단, 서울대 음대 싱어들, 김현종 전 통상교섭본부장, 숙명여대 이경숙 전 총장님 등 평소 저의 취지와 비전을 나누던 분들에게 도움을 청해 함께 만찬을 통해 두 나라의 협력 증진을 위하여 도와달라고 부탁을 드렸다. 물론 그날 분위기와 결과는 최고였다. 특히 한국의 젊은 벤처 CEO들과 만난 에후드 전 이스라엘 총리는 연설에서 우리를 이스라엘에 초청해 주었다.

이렇게 해서 한국과 이스라엘의 역사적인 교류가 시작되었다. 아직도 한국과 이스라엘은 정식으로 외교 채널을 통해 협력관계를 논하기에는 여러 가지 제약이 있다. 특히 오일 머니를 통해 힘을 가진 중동의 국가와 비즈니스 관계를 고려하지 않을 수 없다. 그러나 민간인들이 하는 경제교류는 양 국가의 정부수반이나 관계자들이 나서지 않아도 된다.

▲ King David 호텔에서 에후드 올메르트 전 총리와 함께 만찬

이렇게 해서 내가 알지 못하던 미래가 현실이 되어 눈앞에 펼쳐졌다. 이스라엘의 최고 VIP들을 한 번에 알게 되는 행운을 가지게 되었다. 전 세계의 리더들을 가만히 살펴보면 거의 유대인들이다. 정치, 경제를 움직이는 세계 리더들은 유대인들이 많은 자리를 차지하고 있다. 그 유대인 네트워크를 알고 교류하고 움직이는 이스라엘의 전문가가 된 것이다.

그때부터 내가 알지 못했던 상상할 수 없는 엄청난 일들이 벌어졌다. 그것은 내 인생에서 단 한 번도 꿈꾸지도 못한 일이었다. 전 세계의 유대인 경제 리더들과 이메일과 전화를 주고 받으며 양국의 스타트업 발전과 경제를 위해 '징검다리'를 놓은 커넥터가 된 것이다. 내가 생각하지 못했던 것도 미래에 나의 생각과는 달리 일어날 수 있다.

내 인생에 이스라엘을 만난 것도, 에후드 올메르트 전 이스라엘 총리를 만난 것도, 전 세계를 움직이는 이스라엘 경제계 리더들을 만난 것도 다 내가 꿈꾸지 못한 일이었다. 그러나 거짓말 같이 내 인생에 이분들이 갑자기 쳐들어 왔다. 그리고 나는 그 기회를 잡아 놓치지 않고 꿈을 이루고 있다. 여기서 중요한 것은 꿈을 이루기 위해 '철저한 준비'가 되어 있어야 한다는 것이다.

청년 시절 미국 유학을 보내주신 부모님, 미국에서 만난 훌륭한 내 인생의 멘토들, 한국에 귀국하여 수많은 비즈니스 경험들이 나에게 이런 꿈을 이루기 위한 전초전이었다. 나는 단 한 번도 세계적인 리더들과의 만남에서 긴장을 하거나 쫄아본 적이 없다. 지금 생각해 보니 이런 날을 위해 나를 위해 철저하게 이론과 실전을 겸비하며 훈련을 시켜주신 하나님과 부모님 그리고 내 인생의 훌륭한 멘토들과 지인들에게 감사를 전한다.

꿈은 준비되어 있을 때 찾아오는 것이다. 만약 내가 그 꿈을 이루기 위해 준비가 되어 있지 않다면 아무리 그 기회가 찾아와도 잡을 수 없다. 왜냐하면 그 꿈을 이루기 위한 실력이 없는 상태에서 도전한다는 것은 무모하기 때문이다. 그래서 나는 한국의 청년들에게 이런 말을 해 주고 싶다.

"내 꿈을 이루기 위해 나의 준비 상태는 객관적으로 볼 때 충분한가?"

쉽지 않다. 죽을 만큼 고통과 고난이 따를 수 있다. 그러나 고난의 터널을 지나는 순간 우리에게 기회는 오고 꿈을 이룰 수 있는 것이다. 눈을 돌려 지구 밖으로 향하자. 한국은 좁고 복잡해도 세계는 넓고 할 일이 많다. 이제 우리 인생에 놓여진 꿈을 향해 도전해 보자.

▲ 에후드 올메르트 전 총리 그랜드 하얏트 호텔 초청 만찬

텔아비브 대학
기오라 야론 전 이사장

——— ✡ ———

제1회 한국이스라엘비즈니스포럼 때 이스라엘의 글로벌 기업 리더들을 만날 수 있었다. 그중에서 이스라엘의 전설적인 벤처 CEO 겸 텔아비브 대학교 기오라 야론 이사장을 만났다. 그는 첫인상이 매우 강렬했다. 금발의 건강한 체격에서 뿜어나오는 그의 카리스마는 처음부터 많은 사람들을 압도하는 리더십의 전형이었다.

그의 이력을 인터넷에서 찾아보고 나는 놀라움을 금치 못했다. 왜냐하면 미국 실리콘 밸리와 나스닥에서 미국의 글로벌 거대기업과 10번의 M&A 딜에서 모두 성공한 이스라엘 스타트업계의 전설이다. 대부분

▲ 기오라 야론 텔아비브 대학교 이사장과 함께

한 번의 M&A에 성공해도 대단히 성공적인 비즈니스를 한 사람이다. 그런데 그는 미국의 실리콘 밸리와 나스닥에서 10번의 M&A에서 모두 성공을 거둔 탁월한 CEO였다.

이스라엘은 6개월이 휴일일 정도로 쉬는 날이 많은 나라이다. 성경에 나오는 절기마다 휴일을 정해 쉬는 날이 많다. 내가 아는 성경의 절기를 합하니 6개월은 일을 하지 않고 쉬어야 한다. 그래서 이스라엘과 비즈니스를 하려고 하면 많은 인내심과 기다림이 있어야 한다. 특히 휴일이 시작되면 아무리 연락을 해도 컨택이 되지 않는다. 그만큼 이스라엘은 녹녹치 않은 나라이다.

내가 작년 11월에 출장을 가려고 준비를 할 때 보니 이스라엘의 최대 명절인 초막절 행사와 출장 시기가 맞물려 있었다. 한국과 이스라엘의 대학 간 협력모델을 만들어야 하는데 양 국가의 대학끼리 MOU가 필요하였다. 그래서 이스라엘과 연락을 취하는데 나는 그 시기가 이스라엘의 초막절 기간이라는 것을 알지 못했다. 연락을 받은 기오라 회장이 나에게 초막절 휴일에 대해 설명을 해 주었다,

순간 나는 당황하였다. 한국의 상황이 11월에 꼭 가야 하는 상황이었다. 그래서 한국의 상황을 설명을 하고 그에게 부탁을 하였다. 왜냐하면 MOU 서류에 필요한 사인을 하려고 하면 여러 가지 복잡한 절차들이 걸려 있다. 특히 변호사가 입회하여 그 계약이 양자 간에 법률적 효력과 조건이 맞는지를 검토해야만 한다. 나중에 들으니 그 계약을 성사시키기 위하여 이스라엘의 많은 분들이 휴일에도 쉬지 않고 일을 해야만 했다. 내가 이스라엘에 가서 그 이야기를 듣고 너무 고마운 마음이 들었다.

사람이 성공하기 위해 실력도 중요하지만 사람과의 관계는 더욱 중요하다. 나는 관계에 있어서 특별한 기준이 있다. 내가 꼭 만나기 위하거나 필요한 사람이 있으면 일부러 그 사람을 만나거나 인위적으로 그 사람과 가까운 사람들을 찾지 않는다. 나는 조용히 때를 기다린다.
그 사람과 내가 만나는 것은 인위적인 것이 아니라 필연적인 것이라고 믿는다.

기오라 야론 회장과 내가 그런 사이이다. 내가 그를 만나려고 노력하지도 않았고 그도 역시 나를 만날 필요는 더욱 없었다. 우리는 한국과 이스라엘의 양국 간의 브릿지를 만나기 위해 필연적으로 만난 사람들임에 틀림이 없다. 내 인생에 이스라엘과 관련하여 그를 만난 것은 행운이자 축복이었다. 지금까지도 그랬지만 앞으로 미래가 더욱 기대가 된다. 그와 함께 열어갈 한국과 이스라엘의 미래에 마음이 설렌다.

요즈마펀드
이갈 에를리히 회장

—— ✡ ——

이스라엘은 창업의 나라이다. 창업은 넓은 의미에서 하나의 국가를 세우는 것이다. 이스라엘이 비약적으로 창업국가가 된 것은 에후드 올메르트 전 총리의 스타트업 국가 정책을 민간과 정부 합동으로 하면서부터이다.

그런 의미에서 민이 주도하고 관이 뒷받침하여 세계 경제사의 유례없는 일을 만든 이스라엘이 우리 한국의 좋은 모델이 될 것이다. 책 *Start-up Nation*을 보면 에후드 올메르트 전 이스라엘 총리가 추천사를 썼다. 그가 이스라엘의 총리로 재직할 당시 스타트업을 육성하기 위한 정책으로 추진했던 것들을 책으로 엮은 것이다.

▲ 이갈 에를리히 회장과 함께

그중에서 이스라엘 스타트업의 중추적인 핵심 창업생태계가 VC이다. 벤처 캐피털이 스타트업을 지원하지 않으면 아무것도 할 수 없는 것이다. 왜냐하면 스타트업의 대부분은 가난하고 돈이 없기 때문이다. 기술력이나 아이디어, 추진력으로 스타트업을 할 수 있지만 실질적으로 아무리 좋은 구슬이 있어도 꿰어야 보배가 되는데 스타트업에 있어서 피를 돌게 하는 것은 '머니'이다.

이스라엘이 창업국가가 되기 위해 중점적으로 개발한 것이 VC이다. 에후드 올메르트 전 이스라엘 총리가 해외에 있는 유대인 기업인들의 머니와 이스라엘의 정부 기금으로 함께 벤처 캐피털을 프로젝트 형식으로 발족한 것이 '요즈마' 펀드이다. 이 펀드의 회장이 이갈 에를리히 회장이다. 내가 그를 이스라엘에서 만나고 느낀 것은 '마케팅'을 잘 하는 세계적인 거물이라는 것이다.

대부분의 유대인이 소위 마케팅을 잘해 매각할 때 물건을 잘 판다. 가령 50억짜리의 가치가 있다고 하면 잘 포장을 하여 100억에 파는 천부적인 협상의 대가이다. 내가 '요즈마 펀드'의 이갈 에를리히 회장을 보면 천부적인 재능을 지닌 M&A의 대가처럼 보였다. 그가 한국에 와서 남긴 유명한 일화가 있다.

내비게이션 '김기사'가 카카오에 650억을 받고 팔렸다고 하니 덧붙인 말이 있다. 똑같은 케이스가 이스라엘에도 있다. 'Waze mobile' 내비게이션 회사가 구글에 1조 6천억에 팔렸다. 차이가 무엇일까? 그것이 Waze mobile은 글로벌 대기업에 매각을 한 것이고 김기사는 국내 기업 카카오에 매각을 한 것이라고 설명을 했다. 김기사 내비게이션은 국내용으로 개발을 한 것이고 웨이즈 모바일 내비게이션은 글로벌로 개발을 한 차이라고 말을 했다.

1조 6천억 VS 650억…. 이것이 한국과 이스라엘의 M&A 시장의 현실이다. 똑같이 내비게이션 회사를 팔았는데 금액은 왜 이리 차이가 나는 것일까? 그것은 VC의 실력이다. 우리 한국에는 아직 글로벌한 VC가 없다. 그러나 이스라엘에는 수십 개의 글로벌 VC들이 이스라엘과 미국의 실리콘 밸리를 연결하고 딜을 하고 있다.

요즈마 펀드는 과거 이스라엘 스타트업의 대표적인 VC였다. 요즈마 펀드의 개척과 중흥기를 이끌었던 핵심 인물이 '이갈 에를리히' 회장이다. 그는 내가 만난 VC 중에 가장 탁월한 CEO이다. 협상을 유리하게 이끌어 가며 타결해 가는 능력이 타의 추종을 불허한다. 우리 한국도 하루속히 글로벌 VC들을 양성해야 한다. 요즈마 같은 글로벌한 VC를 키워내야 한다. 만약 그렇지 않으면 우리는 우물 안 개구리의 스타트업 세계를 벗어나지 못할 것이다.

▲ 이스라엘에서 열린 에후드 올메르트 전 총리 초청 행사

이스라엘 IT 재벌 RAD그룹
조하 지사펠 회장

———— ✡ ————

이스라엘은 대기업이 한국처럼 많지 않다. 왜냐하면 대기업의 지배구
조를 두단계로 묶어 더 이상 대기업이 지배하는 국가가 아니라 창업국
가가 기업의 생태계를 움직이는 나라로 만들었기 때문이다. 이스라엘
은 공부하면 할 수록 부러운 국가이다. 왜냐하면 작지만 강한 나라이
기 때문이다. 특히 세계를 움직이는 리더들을 보면 대부분 유대인 아
메리칸이다.

그중에서도 빛을 발하는 이스라엘의 글로벌 기업이 있다. 그것이 바로
RAD그룹이다. 이 RAD그룹을 이끌고 있는 그룹의 총수가 '조하 지사
펠' 회장이다. 사진은 그의 집무실에서 찍은 것이다. 그는 겉으로 보면

▲ RAD그룹 조하 지사펠 회장과 함께

아주 평범한 동네 아저씨 같이 보인다. 그러나 그와 조금만 대화를 나누면 그가 얼마나 큰 거목인가를 알 수 있다. 먼저 라드 그룹을 보자. 이 그룹은 이스라엘의 대표적인 정보통신 회사이다. 56개국에 걸쳐 전 세계적으로 정보통신 디바이스를 만들어 글로벌하게 상품을 만들어 판매하는 회사이다. 그런데 이 RAD그룹의 자회사 중 미국 나스닥에 등록하여 대박을 터뜨린 회사가 무려 3개이다. 작지만 강한 이스라엘의 이미지처럼 RAD그룹은 정보통신 분야에서 세계적인 IT 회사이다.

18~23개의 자회사를 거느리면서 미래와 현재를 잘 구분하여 투자와 매각을 병행하는 회사이다. 예를 들어 지금 현재 돈을 잘 벌고 있지만 미래에 대한 가치와 결과가 불투명하다고 생각하면 가차없이 그 기업을 매각한다. 반면에 지금은 투자가 끊임없이 들어가지만 미래 성장

▲ RAD그룹 사옥 입구에 전시된 로댕의 '생각하는 사람'

86

▲ RAD그룹 안내 데스크에 걸려 있는 세계적인 거장 앤디 워홀의 작품

동력이 확실하다고 생각하다면 어떠한 희생이나 투자도 감당하는 이스라엘의 대표적인 IT 그룹이다.

또한 이 회사에 가면 놀라는 것이 있다. 회사 정문에 로댕 조각 작품이 있다. 나는 처음에 그것이 이미테이션인 줄 알았는데 진품 로댕 조각이라는 것을 보고 놀랐다. 회사 로비 안내 데스크에 걸려있는 세계적인 그림들을 보고 또 한번 놀랐다. 그렇게 귀한 미술작품을 회사 입구 로비에 전시하고 있다는 것이 놀라웠다.

첫 번째 사진은 '조하 지사펠' 회장의 집무실이다. 텔아비브의 공원숲이 보이는 고층에 위치한 곳이다. 그가 나를 초대하여 그의 사무실에서 사진을 찍었다. 그와 포즈를 취하려다 아차 실수로 조각을 살짝 건드렸다. 그때 그가 나에게 조크로 "당신은 30억짜리 조각을 깨뜨릴 뻔했습니다."라고 이야기할 때 등골이 오싹했다. 그는 돈 버는 만큼 예술을 사랑하는 멋쟁이였다.

그는 내가 이스라엘에 갈 때 마다 나를 그의 회장실에 불러 미팅을 하고 식사를 대접한다. Hudson이라는 스테이크 하우스인데 정말 명품 스테이크 집이다. 나는 그가 나에게 식사 대접을 하면 늘 그곳으로 가자고 한다. 나는 조하와 만날 때 늘 행복하다. 왜냐하면 그는 옆집 아저씨와 같은 매력이 있다. 그리고 미래를 읽어내는 탁월한 힘이 있다. 내가 글로벌 IT 그룹의 회장과 친구가 되리라곤 상상해 본 적이 없다. 그만큼 꿈을 꾸고 상상하면 현실이 된다.

▲ 이화여대 프라임사업단 교수, 부산동서대 창업지원단장과 조하 지사뻴 회장 집무실에서

이스라엘 창업의 아버지
요시 바르디

—— ✡ ——

이스라엘에서 스타트업에 종사하는 사람은 그를 이스라엘의 창업의 아버지라고 부른다. 그는 설명이 필요 없는 전설적인 이스라엘의 글로벌 창업의 전문 벤처기업투자가이자 설립자이다. 이스라엘의 최고 글로벌 벤처 캐피털 회사는 Sequoia Capital이다. 우리들이 알고 있는 실리콘 밸리의 글로벌 기업들은 세콰이어 캐피털에서 투자하여 성공한 기업들이다.

구글, 오라클, 유튜브 애플 등 세계적인 벤처기업들을 초기 투자하여 대박을 터뜨린 실리콘 밸리의 전설적인 회사이다. 이 Sequoia Capital 회사가 이스라엘 기업이라는 사실만 알아도 얼마나 이스라엘 창업이 글로벌한지 설명이 필요 없다. 실리콘 밸리가 전 세계의 스타트업의 중심지라면 그것을 이스라엘의 텔아비브라는 작은 도시로 옮겨와 전 세계의 스타트업계를 깜짝 놀라게 한 것은 '요시 바르디'의 탁월한 창업투자의 성공 덕분이었다.

누구나 다 알듯이 이스라엘은 'Start-up Nation'이다. 인구 900만의 조그마한 국가이다. 중동 13억의 인구에 둘러 쌓여 있는 바다 끝자락에 붙어있는 아주 작은 국가이다. 그런데 이 작은 나라가 전 세계를 들썩이고 있다. 흔히 한국에서 이스라엘은 분쟁 중인 화약고라고 여겨지는 불안한 나라이다. 그럼에도 불구하고 이스라엘은 세계 최고의 부와 리더를 만들어 내고 있다.

메타(facebook)의 CEO 마크 저크버그도 유대인이다. 실리콘 밸리에서 성공한 유대인의 기업과 이름을 열거하라고 하면 하룻밤을 세야 할 것이다. 그만큼 이스라엘에서 성공한 글로벌 기업가들은 셀 수 없이 많이 쏟아지고 있다. 그래도 한국은 이스라엘을 잘 모르는 것 같다. 이스라엘의 리더들을 안다는 것은 글로벌한 리더들과 네트워크를 갖는다는 것이다.

그중에 한국사람만 모르고 있는 글로벌한 창업의 리더가 있다. 그가 바로 '요시 바르디'이다. 그는 40년 동안 60여개의 하이테크 기업들을 투자하고 성공시킨 탁월한 글로벌 스타트업 투자가이다. 그가 이스라엘의 스타트업의 아버지로 불리는 이유는 아직도 현역에서 젊은 이스라엘의 청년들에게 기업가 정신을 통해 수많은 영향력을 키우고 있다는 것이다.

그를 만난 것은 한국이스라엘비즈니스포럼을 하면서 연락을 하게 되면서였다. 그는 여전히 현역에서 수많은 이스라엘의 젊은 청년들에게 스타트업의 혁신을 응원하고 투자하는 대단한 열정의 소유자였다. 그가 이스라엘의 스타트업계에서 40년 동안 60여 개의 세계적인 회사를 키운 것은 그가 얼마나 스타트업에 열정이 있는지 보여주는 것이다.

한국의 비즈니스 관계자들은 대부분 한번 성공하면 조물주 보다 더 높은 '건물주'로 변신을 한다. 한국에서 성공을 하여 지속적인 기업을 운영한다는 것은 매우 힘들고 어려운 일이다. 코스닥에 상장한 기업의 90%가 시장에서 망한다는 것이 통계이다. 그만큼 기업의 수명이 불안한 시장에서 비즈니스를 해야 한다.

그래서인지 한국의 기업인들은 한번 코스닥에 성공하면 기업 매각을 통해 탈출하려고 한다.

그러나 이스라엘이나 미국의 경우는 다르다. 연속 창업에 도전하는 사람들이 많다. 한번 성공에 머무르지 않고 계속해서 창업에 도전하여 연속 창업에 성공한 사람들을 이스라엘에서는 진정한 성공 창업가라고 부른다. 우리나라처럼 창업에 성공하여 조물주보다 높은 '건물주'가 되려는 사람은 극히 드물다. 왜일까? 그것이 바로 후츠파 정신 때문이다.

그래서 '요시 바르디'는 이스라엘 창업의 아버지이다. 무려 40년 동안 60여 개의 스타트업을 성공시킨 세계적인 인물이기 때문이다. 그는 지금도 이스라엘의 텔아비브에서 스타트업에 투자하고 있다. 세계적인 DLD 컨퍼런스를 통하여 세계 스타트업계에 독보적인 존재로 자리매김하고 있다. 내가 그를 만난 것은 대단한 행운이다. 왜냐하면 그는 글로벌 스타트업계의 전설이기 때문이다.

내가 이야기하는 '글로벌 창업'은 간단하다. 특히 미국의 실리콘 밸리에서 글로벌하게 평가를 받는 것이다. 아직도 우리나라는 스타트업계에서 두각을 나타내지 못하는 우물 안 개구리이다. 그래서 우리는 글로벌 파트너가 필요한 것이다. 한국의 글로벌 파트너는 다름 아닌 이스라엘이다. 절대로 우리나라 혼자 실리콘 밸리에 도전하여 성공할 수 없다.

왜냐하면 이미 실리콘 밸리는 '유대인 스타트업 마피아들'이 잡고 있다. 이미 그들이 짜 놓은 유대인 투자가들의 리그가 형성되어 있다. 그 누구도 그것을 쉽게 허물 수 없다. 그들은 서로 글로벌 네트워크를 가지고 자기들이 키우고 있는 스타트업 기업을 만들어 되파는 매각기술이 대단하다. 기업의 가치 및 팔아먹는 기술이 독보적인 시장을 형성하고 있다.

여기에 한국사람들이 진입한다는 것은 불가능하다. 아니 더 솔직히 우리 주제를 파악하고 한다면 우리는 유대인 스타트업 리그에 들어갈 자격조차 주어지지 않는다. 왜냐하면 유대인들은 자기네들끼리 사고 되파는 투자 룰을 이미 만들어 다른 투자가들이 들어간다는 것은 어불성설이다. 이처럼 단단한 글로벌 투자계의 세계에 한국은 도저히 낄 틈이 없다.

그러나 내가 유대인 스타트업 투자 마피아들을 교제하고 나서 깨달은 것이 하나 있다. 우회적인 방향으로 접근을 하면 우리 한국도 실리콘 밸리에서 성공한 창업가들을 배출할 수 있다. 그것은 다름 아니라 이스라엘과 함께 공동창업을 하는 것이다. 우리가 지분을 자주 적게 갖더라도 유대인과 공동창업자의 자격을 가지게 되면 역사적인 일이 벌어지는 것이다.

이스라엘 벤처기업들은 한국의 스타트업에 투자할 수 없다. 왜냐하면 그들은 투자의 원칙이 있다. 특히 이스라엘의 최대 투자기업인 '피탕고'나 JVP같은 투자회사는 유대인들에게 투자할 수 있고 그 회사의 지역이 미국의 실리콘 밸리에 등록이 되어있어야 한다는 규칙이 있다. 그래서 나는 '요시 바르디' 같은 세계적인 벤처투자가들과 함께 공동창업을 하는 꿈을 가지고 있다.

나는 이스라엘 전문가가 되기 전에는 스타트업의 문외한이었다. 그러나 이스라엘의 VIP들과 교류를 하면서 스타트업의 전문가가 되었다. 특히 이스라엘을 움직이고 있는 글로벌 리더들을 만나고 교제하게 되었다. 그중에 유대인 네트워크의 핵심 VIP을 알게 되었다. 그리고 그들과 깊게 교제하며 왜 이스라엘 사람들이 글로벌 기업을 하는지 알게 되었다.

▲ 제3회 KIBF에서 요시 바르디와 함께

한국의 스타트업의 문제는 '글로벌'하지 않다는 것이다. 그리고 우물 안 개구리로 우리끼리 도토리 키재기를 하는 것이다. 우리도 이스라엘처럼 세계시장으로 진출해야 한다. 미국의 실리콘 밸리에서 성공한 벤처기업인들이 나와야 한다. 여기에 내가 쌓은 이스라엘 글로벌 VIP들의 네트워크가 빛을 발하는 날이 올 것이다.

'요시 바르디'. 그는 이스라엘 창업의 아버지이다. 그와 교제를 하면서 나는 그가 가지고 있는 글로벌 네트워크를 알게 되었다. 그가 움직이면 실리콘 밸리가 움직인다. 그와 함께 스타트업에 투자하면 세계적인 글로벌 스타트업이 될 수 있다. 우리도 이스라엘처럼 세계적인 스타트업 회사를 키워야 한다. 그래서 나는 그와 함께 할 공동창업의 꿈을 가지고 그와 이야기를 한다. 어서 한국과 이스라엘의 청년들이 '공동창업'을 하는 날이 오기를 학수고대한다.

노벨상을 4명이나 배출한
테크니온 공대 페렛 라비 총장

—— ✡ ——

박근혜 정부 들어 여러 가지 국정 운영 목표 중 노벨상을 타기 위한 목표가 있었다. 한국의 뛰어난 과학자들과 전문가들을 모아 놓고 '위원회'를 만들어 노벨상을 만들기 위한 협의회가 열렸다. 우리 KIBC 최진성 이사장님도 박근혜 전 대통령 옆에 앉아 회의를 하는 장면을 신문지면을 통해 볼 수 있었다. 우리나라는 다혈질에 성격마저 급해 노벨상도 우리나라 국민성에 맞추어 타고 싶나 보다.

노벨상의 40%가 유대인이라는 사실을 아는가? 물론 유대인이라면 이스라엘을 비롯한 전 세계에 흩어져 있는 유대인을 말한다. 왜냐하면

▲ 페렛 라비 회장과 함께

이스라엘의 인구는 900만 명밖에 안된다. 그러나 전 세계에 디아스포라로 흩어져 있는 유대인은 2,000년 동안 국가 없는 설움을 당하며 이미 오래 전부터 글로벌한 삶을 살고 있었다.왜냐하면 타국에서 적응하고 살려고 한다면 그 나라의 문화와 역사와 정치에 수용되어 그 사람들과 어울려 살아야 한다. 그중에서 유대인이 선택한 전략은 타국의 경제적인 주권을 가지는 것이다. 특히 유럽과 미국에 있는 부호들과 대학교수, 금융인들은 모두 유대인들이다. 그들은 나라가 없었지만 유대인이라는 특수성을 가지고 이미 오래 전부터 글로벌 네트워크를 가지고 있었다.

나는 오늘 학문과 경영에 실용적인 유대인 네트워크를 이야기하고 싶다. 특히 한국사람이면 그토록 기대하는 '노벨상'에 대해 말해보고 싶다. 어떻게 하면 노벨상을 탈 수 있을까? 평화상 같은 노벨상 말고 물리학상이나 화학상 같은 인류의 발전에 도움이 되고 전 세계적으로 인정을 받을 수 있는 것을 왜 우리는 타지 못할까?

▲ 테크니온 공대 페렛 라비 총장에게 질문하는 (주)키네마스터 임일택 대표

국가·정부 차원에서 위원회 같은 것을 만들면 노벨상을 타는 것이 가능할까?

나는 늘 우리 한국이란 국가가 아직도 박정희 전 대통령이 주도했던 개발시대 같은 방법으로 살아가는 현실이 싫다. 그분의 리더십은 그 시대에 정확히 들어 맞아 그 시대를 이끌어 갔다. 지금은 경제 개발을 하는 시대가 아니라 경제를 지속적으로 발전시켜 선진국의 반열에 들어가야 하는 시대이다.

'우병우' 같은 괴물은 박정희 시대가 만들어 놓은 산물이다. 지금은 다양성과 개성을 바탕으로 '창조'를 해야 하는 창의적인 시대를 살고 있다. 획일화되고 통일성 있는 개념의 교육으로는 절대로 노벨상을 탈 수 없다. 내가 학창시절에 머리를 빡빡 깍고 선생님들에게 매를 맞거나 질문하면 혼나고 검은색 호크 달린 교복을 입고 다녔다.

지금처럼 빨간색, 노란색, 오렌지색의 컬러는 찾아볼 수가 없었다. 그

▲ 제3회 KIBF에서 강연하고 있는 테크니온 공대 페렛 라비 총장 ①

렇게 획일화되고 암기 위주의 교육이 지금까지 얼마나 바뀌었을까? 우리나라는 아직도 좋은 대학에 가기 위해 선행학습을 하고 암기를 통해 반복적으로 기계적인 교육을 하는 것이 바뀌지 않고 있다. 이런 교육 시스템으로 노벨상을 기대하는 것은 분명히 말해 어불성설이다.

교육을 바꾸지 않으면 아무것도 안 된다. 특히 노벨상을 타기 위해서 기초과학이 튼튼해야 한다. 지금의 선행학습과 암기 위주의 교육으로는 절대로 노벨상 근처에도 가지 못한다. 이스라엘의 조그만 테크니온 공대 같은 학교에서 어떻게 노벨상을 탄 교수가 4명이나 나왔을까? 그것은 이스라엘의 기초교육이 잘 되었기 때문이다.

더군다나 테크니온 공대는 철저하게 산학협력의 대표적인 대학이다. 정부와 기업과 대학이 하나가 되어 서로 연결하고 재정을 지원하고 해가는 시스템이 완벽하다. 가령 연구를 하는 교수가 당대에 연구과제가 끝나지 않고 죽어도 상관이 없다. 그저 교수는 연구만 할 뿐이다. 만약

▲ 제3회 KIBF에서 강연하고 있는 테크니온 공대 페렛 라비 총장 ②

그 교수가 연구를 하다 죽더라도 다음 후임 교수나 연구원들이 이어받아 그 연구를 지속하는 것이 가능하다.

USB를 개발한 '도브 모란'도 테크니온 공대 출신이다. 그가 2015년 나에게 이스라엘에서 가져온 귀한 선물을 주고 갔다. 세계적인 IT 전문지인 Accenture에서 출간한 *25 innovations for human*을 선물로 주고 갔다. 그도 한국에 오기 전날 받아 한 권밖에 없는데 나에게 주는 선물이라고 했다. 이제 이스라엘의 세계적인 스타트업의 전설과 함께 우정을 쌓아가는 내가 되었다고 생각하니 가슴이 뿌듯했다.

1. Greenhouse
2. Energy & Peak oil
3. Medicine
4. Informatiom
5. Pharmaceuticals
6. Food & Water
7. Peace

분야의 세계적인 과학자와 발명가들을 모아 출판한 책이다. 25분의 테크니온 공대출신들이 포함된 사례들을 보면서 왜 테크니온 공대가 노벨상을 4명이나 배출한 대학인지 알 수 있었다.

나는 한국과 이스라엘의 정부기관 및 한국과 이스라엘의 대학의 MOU를 추진해 결과를 만들어 낸 적이 있었다. 문제는 항상 그 다음이다. MOU를 맺으면 그 다음 본격적인 교류를 해야 하는데 그게 잘 안 된다. 솔직히 말하면 한국과 이스라엘이 수준 차이가 난다. 교류를 하려면 쌍방의 수준이 비슷해야 하는데 한국과 이스라엘의 교수와 학생의 수준 차이가 나서 더 이상 교류가 안 된다.

더 솔직히 말하면 한국의 정부기관이나 대학은 세계적인 이스라엘의 대표적인 기관이나 대학과 MOU를 맺은 실적이 필요할 뿐이다. 그래서 더 이상 나는 한국의 정부기관이나 대학과 이스라엘의 세계적인 대학이나 기관을 연결하지 않는다. 더 이상 한국의 보여주기식 행정의 들러리가 되고 싶지 않다. 이제 한국도 변해야 한다.

테크니온 공대처럼 세계적인 교수와 리더들이 나와야 한다. 나는 이번에 대통령이 되실 후보 중에 얼마나 글로벌하게 경제와 교육 정책을 알고 네트워크를 가지고 있고 함께 협업을 할 수 있는 분들이 얼마나 될까 고민하고 있다. 이제 한국은 더 이상 우물 안 개구리가 되면 안 된다. 한국에서 넘버원은 이제 아무 의미가 없다. 곧 사라질 가라앉는 '세월호'와 같은 것이다.

이제 한국도 카이스트를 이스라엘의 테크니온 공대처럼 세계적인 대학으로 키워야 한다. 우리 청년들의 미래가 한국이란 무대가 아니라 미국과 선진국에서 빛을 발할 수 있는 리더로 키워야 한다. 아무리 생각해도 내가 유대인 네트워크를 만나고 교제하게 된 것은 내 인생에 가장 큰 행운이다. 많은 사람들이 미국을 노크하고 중국에 도전하지만 이 세계의 진정한 강자는 유대인이기 때문이다.

나는 이제 세계적인 유대인 네트워크를 한국에 소개하고 연결해 주고 싶다. 그러나 보여주기식 들러리는 할 생각이 없다. 본질을 붙잡지 않으면 맨날 카피만 하다 끝난다. 세계적인 대학이 된 테크니온의 총장이 나의 친구이다. 나와 오랫동안 교제하고 함께 해 온 친한파 인사이다. 그런데 문제는 테크니온 공대의 파트너가 없다는 현실이다. 언제 진짜 유대인 네트워크를 한국의 리더들과 연결할 수 있을까?

이스라엘 창업의 최대 VC 피탕고
느케미아 페레스 회장과 함께

————— ✡ —————

처음에 그를 한국이스라엘비즈니스포럼의 주강사로 초청하면서 인연이 시작되었다. 현재 이스라엘 스타트업의 생태계를 대표하는 '피탕고' VC의 창업자이다. 그리고 그는 이스라엘의 정치인 '시몬 페레스' 대통령의 큰 아들이다. 그의 아버지가 소천하셨을 때 전 세계의 VIP들이 시몬스 페레스 대통령의 죽음을 애도할 때 의연하게 상주 노릇을 한 것이 국내 언론에도 소개되었다.

특히 미국의 오바마 대통령이 장례식에 참석하여 그를 위로하는 사진이 중앙일보에 소개되기도 하였다. 그는 현재 이스라엘의 최대 VC의 대표를 맡고 있고 피탕고의 투자를 지휘하고 있다. 그가 피탕고를 운

▲ 제2회 KIBF에서 느케미아 페레스 회장과 함께(하얏트 호텔)

▲ 기오라 야론 텔아비브 대학교 이사장, 느케미야 페레스 피탕고 캐피탈 회장과 제2땅굴 앞에서

영함에 있어서 탁월함이 보이는 대목이 있었다. 그와 함께 판문점의 제2땅굴을 함께 관광을 간 적이 있었다. 기오라 야론 회장과 함께 북한과 맞닿아 있는 곳까지 구경을 같이 갔다.

나는 하루 종일 그의 한국행 가이드를 하면 그동안 궁금했던 질문들을 던지기 시작했다. '이스라엘의 스타트업의 생태계' 중에 가장 자랑할 만한 것이 무엇인지 질문하였다. 그는 내 질문에 머뭇거림없이 자신 있게 대답하였다. 이스라엘의 창업 생태계 중에 가장 뛰어난 것은 '후츠파' 정신 즉 기업가 정신이라고 대답하였다.

'후츠파'. 뻔뻔함, 무모함, 당돌함으로 번역이 되는 이스라엘 창업 정신 중에 이스라엘식 '기업가 정신'을 강조한 것이다. 한마디로 한국의 '정주영' 회장이 이스라엘에는 셀 수 없이 많다는 것이다. 고 정주영 회장의 어록에 가장 유명한 말이 있다. "해 봤어? 그럼 될 때까지 해 봤어?"

이스라엘 창업의 가장 기본기는 '불굴의 의지'를 나타내 주는 표현이다. 우리나라에는 불굴의 의지를 가지고 세계적인 기업을 일군 기업인이 정주영 회장을 비롯하여 별로 되지 않는데 이스라엘에는 모든 국민이 그런 정신을 가지고 창업을 하고 있다는 것이다. 나는 '케미'(그를 줄여 케미라고 부른다.)의 대답에 약간 생뚱맞은 표정을 지었다.

왜냐하면 나는 그의 대답이 이스라엘 스타트업의 '생태계' 중 가장 뛰어나고 논리적인 이스라엘 창업 시스템을 이야기할 줄 알았다. 그런데 그는 기업가 정신인 '후츠파' 정신을 나에게 대답해 주었다. 나는 그에게 두 번째 질문을 하였다.

후츠파 정신 다음으로 이스라엘의 창업이 그토록 탁월한지 질문하였다. 그는 내게 이스라엘 스타트업을 뒷받침하고 있는 'VC' 시스템을 이야기해 주었다. 이스라엘에서는 돈이 없어도 창업을 할 수 있다. 그가 불굴의 의지를 가지고 탁월한 아이디어만 있으면 자본금이 없어도 스타트업을 한다. 그는 이스라엘의 VC 시스템을 이야기하며 투자에

▲ 시몬 페레스 대통령 장례식 때 슬픔에 잠긴 느케미야 페레스 회장을 위로하는 버락 오바마 전 미국 대통령

관한 이스라엘의 기본철학을 말해 주었다. 누구에게나 스타트업의 기회를 주고 투자를 받을 수 있는 공정한 기회와 공평한 경쟁이 보장이 되어 있다.

Seed라고 불리는 최초 투자시기를 거쳐 Series A, B, C를 거치면서 거대한 투자의 자본이 움직인다. 그런데 이것은 이스라엘에서 창업을 하는 모두에게 적용이 된다. 누구나 투자를 받을 수 있고 거기에 지원할 수 있는 시스템이 공정하고 공평하다는 것이다. 그래서 이스라엘에서는 창업을 하는 모든 사람들이 누구나 성공할 수 있고 대박을 터뜨리는 일들이 흔한 현상들이라고 설명해 주었다.

그래서 나는 세 번째 질문을 던졌다. "이스라엘 VC 투자의 기본원칙은 무엇이냐? 이 질문을 던지면서 나에게 숨겨져 있는 도전적인 본능을 드러냈다. "당신 아버지인 시몬 페레스 대통령이 이스라엘 창업의 레전드라 불리는 'Better Place'에 투자를 모집해 주었는데 당신은 왜

▲ 제2회 KIBF 강사로 참여한 느케미야 페레스 회장

그 회사에 투자를 하지 않았습니까?"

이것은 이스라엘 스타트업을 아는 사람들은 매우 말하기 곤란한 질문이다. 왜냐하면 Better Place라는 스타트업에 9천억 원 이상의 투자를 모아준 것이 그의 아버지 '시몬 페레스' 이스라엘 대통령이었다. 그의 아버지가 Better Place의 '샤이 아가시' 회장을 만나 시작한 것이 세계적인 스타트업의 시작이었다. 그는 아주 간단하게 나에게 말해 주었다.

"나는 아가시와 한 빌딩에서 비즈니스를 같이 했습니다. 물론 나의 아버지가 샤이 아기시의 'Better Place'의 투자를 주선하셨습니다. 거기까지가 팩트이고 나와는 아무런 상관이 없습니다. Better Place와 나의 아버지와의 투자와 관계된 것은 아버지의 문제이고 저는 피탕고의 대표로 올바른 투자를 하는 것은 별개의 문제입니다."

"왜 당신과 피탕고는 Better Place에 투자를 하지 않았습니까?"

▲ 제2회 KIBF 오프닝 행사

그는 단호하게 대답해 주었다. 나와 투자를 결정하는 피탕고 이사회에서 모든 분들이 그 회사에 투자를 하는 것에 반대를 하였습니다. 아무리 내가 창업자이고 지분이 많은 대표라 하더라도 이스라엘 VC는 회사의 대표가 독단적으로 회사의 운영이나 투자를 함부로 결정하지 못합니다. 그래서 나는 샤이 아기시와의 개인적인 친분과 비즈니스는 철저하게 분리가 되어야 된다고 생각했습니다.

나는 그와 대화를 하면서 많은 것들을 깨달았다. 이스라엘이 왜 세계 최고의 리더들과 부를 거머쥐고 세계를 움직이는지를 그와 토킹하면서 알 수 있었다. 이스라엘은 분명하게 관계와 비즈니스를 구분하는 '프로 의식'이 그 안에 있다. 나는 그와 대화를 통해 우리 한국의 리더들이 이런 이스라엘 리더들의 철학을 배울 수 있으면 좋겠다는 생각을 하였다.

대우조선이 어마어마한 분식회계로 부실기업이 되었다. 민간인의 의

▲ 제2회 KIBF에서 한국의 청년 창업가들과 토론하는 느케미야 페레스 회장

견으로는 회생불가능이라고 한다. 그런데 왜 대우조선이 부실기업이 되었을까? 천문학적 분식회계로 장부를 속여 만들어 투자자들에게 거짓말을 했기 때문이다. 그래서 대우조선을 회계했던 회계법인 '딜로이트'는 책임을 져야 했다. 그런데 한국의 현실은 그렇지 않다.

회계법인의 이름만 바꾸고 딜로이트에서 일했던 직원들은 그대로 거기서 똑같이 일을 한다는 사실을 금융업계에서 일하는 고위인사로부터 들을 수 있었다. 우리 한국은 왜 이토록 부패와의 사슬을 끊지 못할까?
아직도 한국은 학연,지연, 인맥으로 얽혀 있는 사회적 시스템을 가지고 있다. 지금 대통령 후보 중에 그 대학을 나온 분이 있다.

그 대학은 한국에서 소위 말하는 일류대학이 아니다. 그런데 이 대학이 벌써부터 주목을 받고 있다. 관의 세계에서 소위 이 대학이 추진하고 있는 것들을 알아서 봐주고 있다는 소문이 돌고 있다. 왜 한국은 원칙과 철학이 있는 공공의 시스템을 만들 수 없을까? 얼마나 더 많은 희생과 부패의 아픔을 겪고 나서 고칠 수 있을까? 우리에게 심각하게 질문을 던져야 한다.

이스라엘 스타트업은 누구에게나 공평하게 열려 있다. 그런데 한국의 스타트업계를 보면 말이 안 나온다. 왜냐하면 스타트업의 '스'자도 모르는 사람이 스타트업의 정책과 결정을 하는 자리에 있다. 창업을 해본 경험이 전무후무한 사람이 '키맨'이다. 이것은 마치 장님이 눈 뜬 길을 모르는 사람을 인도하는 것과 같다. 왜 우리는 이런 악순환을 겪어야 할까?

나는 이스라엘의 스타트업의 생태계가 부럽다. 누구나 아무에게나 공정하고 공평하게 열려있는 창업의 생태계를 통하여 USB를 만든 '도브 모란' 같은 인물이 나오는 것이다. 우리 한국에 제2의 도브 모란같은 탁월한 스타트업의 모델이 나올 수 있을까? 제발 국가는 청년들에게 무턱대고 창업을 하라고 하지 말고 어떻게 창업을 해야 하는지를 가르쳐 주어야 한다.

탁월한 이스라엘의 창업생태계를 보며 나는 외롭지만 한국의 '합정동' 에서 고군분투하고 있다. 아주 천천히 성과가 나오고 있다. 그렇지만 긴 호흡을 가지고 하루하루 최선을 다하고 있다. 하루아침에 역사는 이루어지지 않는다. 역사의 변화는 비전과 철학을 가진 사람들과 오랜 시간 함께 뜻을 모으고 행동할 때 겨우 시작된다.

그래서 서두르지 않는다. 시대를 움직이는 리더는 태어나는 것이 아니라 만들어지는 것이다. 청년들이 합정동으로 몰려오고 있다. 이젠 입소문이 나서 누군가에게 소개를 받고 여기저기서 청년들이 오고 있다. 나는 합정동에서 이스라엘식 창업을 테스트하고 있다. 여전히 헝그리하게 창업을 가르치고 있는 나의 하루는 즐겁고 행복하다. 왜냐하면 미래의 청년리더가 키워지고 있기 때문이다.

Audio Code
샵타이 아들러스 회장

────── ✡ ──────

이스라엘에서 대기업을 한다는 것은 쉽지 않다. 대부분의 기업인들은 스타트업을 시작으로 어느정도 기업을 키웠다 싶으면 기업을 M&A 하거나 손을 떼는 경우가 많다. 그러니까 기업을 계속해서 성장시키고 발전시켜 장수기업으로 커가는 경우보다 파는 경우가 많다. 그러니까 이스라엘에서 대기업을 한다는 것은 그리 흔한 일이 아니다.

그런데 이스라엘에서 IT 기업으로 대기업을 이룬 기업이 있다. 그중에 RAD그룹과 Audio Code 기업이 있다. 그중에 Audio Code 기업은 VOIP 시장의 글로벌 선두 기업이다. 1993년도에 설립하여 지금은 글로벌 VOIP 시장의 선두기업이 되었다. 25년간 한 분야에서 선두자

▲ Audio Code 샵타이 아들러스 회장과 함께 텔아비브 르네상스 호텔에서

리를 지킨다는 것은 쉬운 일이 아니다. 특히 이스라엘처럼 스타트업이 주류를 이루는 곳에서 대기업이 된다는 것은 대단한 일이다.

특히 Audio Code 회사의 마케팅 광고는 세계적인 수준이다. 독특하고 톡톡 튀는 아이디어와 소재로 통신회사 광고 같지 않는 기발한 광고를 하는 것으로 정평이 나 있다. 그만큼 Audio Code 회상의 존재는 독보적이다. VOIP 시장은 인터넷망으로 음성통화를 하는 것이다. 즉 'Voice over Internet Protocol'로 인터넷망을 통해 일반전화 시장을 빼앗아 가고 있다.

샵타이 아들러스 회장은 첫인상이 매우 논리적이었다. 그는 포럼을 준비하기 전에 나와의 통화에서 우리에 대해 잘 알고 있었다. 그리고 우리 한국이스라엘기업협의회 이스라엘 쪽 이사들에 대해 친분이 깊은 분이셨다. 하루는 내게 전화를 걸어 그동안 포럼을 통해 이스라엘 쪽 연사들의 강의를 녹음한 DVD를 보내달라고 하였다.

나는 순간 깜짝 놀랐다. 왜냐하면 그는 이스라엘 통신시장의 글로벌

▲ 한국이스라엘기업협의회 최진성 전 이사장과 함께한 샵타이 아들러스 회장

리더로 굉장히 바쁜 사람이었다. 그러나 그는 우리 한국이스라엘비즈니스포럼에 할 강의를 제대로 준비하고 싶어했다. 그래서 그는 1회, 2회 포럼의 이스라엘 쪽 연사들의 강의안을 보고 더 철저하게 준비를 하고 싶다고 하였다. 나는 그에게 감동을 받고 있었다.

드디어 그와 이스라엘의 텔아비브 해안가에 있는 '르네상스' 호텔의 만찬장에서 보았다. 그는 첫인상이 부드러운 카리스마를 가진 분이었다. 부드럽고 매력적인 목소리가 인상적인 아주 젠틀한 비즈니스 맨이었다. 그가 강의를 하기 전에 보여준 그의 PPT 자료를 보고 나는 두 번 놀랐다. 그는 철저한 프로의식을 가진 비즈니스 프로였다.

지금껏 내가 본 이스라엘 VIP 중에 가장 준비가 뛰어난 분이었다. 그는 한국과 교류하기를 원했다. 마침 그때 SK CTO 최진성 종합기술원장이 포럼에 참석하였다. 같은 분야의 통신시장 비즈니스 분야로 서로

▲ 제3회 KIBF에서 강연하는 샵타이 아들러스 회장

깊은 관심을 가지고 비즈니스를 어떻게 풀어야 할지 고민하고 있었다. 나는 그를 보면서 왜 이스라엘이 글로벌에 강한지 알 수 있었다.

이스라엘은 한마디로 국내시장이 무의미한 나라이다. 1인 기업을 창업을 해도 홈페이지를 만들 때도 그냥 이스라엘 히브리 말로 하는 것이 아니라 영어 홈 페이지를 가장 먼저 만든다. 세계적인 셀프 홈 페이지 Wix도 이스라엘에서 스타트업을 하여 글로벌 기업이 된 모범적인 케이스이다. 나는 이스라엘의 저력이 글로벌 시장을 타겟으로 하여 지금까지 성장한 것으로 생각한다.

이스라엘은 기업의 규모가 그리 중요하지 않는다. 왜냐하면 이스라엘은 대기업이 별로 없다 모두 다 같이 스타트업을 꿈꾸고 1인 기업으로 시작하여 세계적인 글로벌 기업에 회사를 매각하거나 M&A를 하는 케이스들이 흔하다. 우리는 그것을 기적이라 부르고 이스라엘은 그것을 보통으로 생각한다. 어떤 차이가 한국과 이스라엘의 수준 차이를 만들어 낼까?

이스라엘은 대기업이 되어도 스타트업에 투자하거나 M&A를 하는 것에 특별한 의미를 부여하지 않는다. 기업의 모태가 스타트업이라 한국에서 말하는 대박을 터뜨리는 대기업이 되어도 개구리 올챙이 시절을 생각하며 계속해서 유망한 스타트업을 발굴하고 투자하는 일을 게을리하지 않는다. Audio Code의 샵타이 회장은 초심을 잃어버리지 않는 글로벌 기업의 회장이다.

끊임없이 기업이 성장하기 위해 성장 동력을 놓지 않는 이스라엘 기업 중에 단언코 Audio Code 기업은 독보적이다. 기업이 글로벌 시장에서 생존하기 위해 혁신과 개혁의 끈을 놓는다면 시장에서 버림받는 것은 당연하다. 한국은 이런 글로벌한 마켓에서 생존력이 약하다. 왜냐하면 우리 한국기업은 국내시장에서 노는 우물 안 개구리 티를 벗어나지 못하고 있다.

나는 지금도 이스라엘 기업들과 한국의 기업들을 연결해 주고 있다. 또한 이스라엘과 한국의 대학들을 교류시키려고 노력을 한다. 그런데 항상 문제는 우리 한국의 기업이나 대학들이 글로벌하지 못해 이스라엘의 수준을 따라가지 못하는 것이 문제이다. 글로벌 경쟁력은 그냥 생기는 것이 아니다. 글로벌하게 교육과 스타트업 환경을 만들어 내지 못하면 되지 않는다.

그런 면에서 Audio Code 같은 회사의 케이스는 우리에게 시사하는 바가 크다. 아주 작은 스타트업에서 세계 글로벌 시장을 선도하는 기업이 되기까지 도전하고 선도하는 것은 탁월한 이스라엘의 후츠파인 기업가 정신이 있기 때문이다. 나는 더 많은 한국의 기업과 스타트업의 청년들을 이스라엘로 데려가 글로벌 경쟁력을 보여주고 싶다. 그것이 우리가 글로벌 시장에서 살아남을 수 있는 유일한 경쟁력이기 때문이다. 도전하라, 한국의 젊은 청년들이여!

와이즈만연구소
무디 세베즈 부총장

— ✡ —

이웃집 아저씨를 연상케 하는 무디 세베즈 박사는 늘 털털하고 인심
좋은 사람이다. 그는 항상 침착하며 미소를 잃지 않는 과학자이다. 그
역시 세계적인 화학자이자 와이즈만연구소 부총장이자 와이즈만의 지
적재산권을 총괄하는 CEO이기도 하다. 그를 처음 만난 곳은 와이즈
만연구소 캠퍼스 안이다. 그는 와이즈만연구소의 이곳저곳을 직접 소
개하고 설명해 주었다. 세계적인 연구소 와이즈만은 직접 가서 보아야
왜 그곳이 세계적인 연구소가 되었는지 알 수 있다. 이스라엘 초대 대
통령의 이름을 따서 지은 곳이 와이즈만이다. 이스라엘 초대 대통령은
정치가가 아니고 과학자이였다. 그리고 그가 직접 연구소를 차려 지금

▲ 와이즈만연구소 무디 세베즈 부총장과 함께

의 기술강국 이스라엘을 만들기 위해 황폐한 이곳에 와이즈만연구소를 직접 건설을 하며 지휘감독을 하였다.

지금은 200명의 과학자들과 석사, 박사 코스를 이곳에서 연구하며 학위를 얻을 수 있다. 와이즈만연구소의 탁월한 기초과학 업적은 말로 설명이 필요없다. 이곳에서 연구한 결과로 받는 지적 로열티가 한 해 2조가 넘는다. 그리고 이곳에서 연구를 시작하면 죽을 때까지 연구성과가 없어도 계속해서 하나만 연구할 수 있다.

그러면 그 과학자가 연구를 하다 아무 성과도 없이 죽으면 어떻게 할까? 전혀 문제가 없다. 왜냐하면 그분의 제자가 스승이 연구하던 것을

▲ 와이즈만연구소를 설립한 와이즈만 초대 대통령을 소재
　　로 한 그림을 배경으로

▲ 와이즈만연구소 무디 세베즈 부총장

이어받아 계속해서 연구를 할 수 있다. 이스라엘은 기초과학의 천국이다. 그러니 과학자들의 자부심이 대단하다. 과학자들이 우대받는 사회의 문화가 이미 정착이 되어있다. 지금도 와이즈만연구소는 정부로부터 상상할 수 없는 자금을 지원받고 있다.

그리고 와이즈만연구소는 '융합학문'의 보고이다. 이곳에서 공부를 하고 있는 석박사 출신 5명 정도가 한국인 과학도들이다. 이분들은 이스라엘의 기초과학과 첨단 과학기술과 융합학문을 통해 세계적인 과학자로 거듭나고 있다. 단지 내가 바라건대 이곳에서 공부하고 있는 한국인 과학자들은 되도록이면 한국에 오지 말고 이스라엘이나 미국에 가서 좀 더 현장의 실력을 쌓았으면 좋겠다는 것이 내 생각이다.

왜냐하면 한국에 돌아오면 이스라엘에서 배우고 누렸던 '융합학문'이 서열과 관습에 묻혀 그들이 보고 배운 것을 제대로 펼칠 수가 없기 때문이다. 나중에 세계적인 권위자가 되어 명성을 쌓고 포지션을 하고 한국에 돌아와도 충분하다. 그만큼 한국은 전통과 서열과 선후배가 지배하는 고질적인 병폐가 있는 사회이기 때문이다.

와이즈만연구소는 화학, 물리, 약학 등 기초과학이 어우러져 함께 공부를 한다. 한국처럼 자기 전공 분야만 공부하는 것이 아니라 자기가 연구하고 있는 관련 분야의 연구를 함께 할 수 있다. 이것은 굉장히 중요한 일이다. 예를 들어 의료기기 제품을 만드는 회사가 제일 유명한 곳이 이스라엘이다. 왜냐하면 이곳은 엔지니어와 과학자가 함께 공부하고 연구실을 같이 쓰며 제품을 만들기 때문이다.

무디 세베즈 박사는 세계적인 화학자이다. 그런데 와이즈만연구소에서 맡은 직책이 지적재산권을 관리하는 회사의 CEO이다. 그를 만나면 이웃집 아저씨 같으나 나 그와 한시간만 이야기하면 그는 철저한 비즈니스 맨이라는 것을 알 수 있다. 그는 웃으면서 말하지만 항상 그의 머릿속에는 숫자와 데이터로 무장되어 상대방과 대화하는 것을 느낄 수 있다.

▲ 와이즈만연구소에서 한국의 청년 창업가들과 토론하는 무디 세베즈 부총장

나는 그와 우정을 쌓은 지 6년이 되고 있다. 그는 내가 이스라엘을 갈 때마다 해외출장을 가지 않는 한 나의 손님들을 극진히 대접한다. 직접 안내를 하고 설명을 해 준다. 내가 운영하고 있는 한국이스라엘기업협의회 이스라엘 이사를 맡아 양국관계의 교류를 위해 힘을 보태준다. 그는 이스라엘 과학 분야의 대사이자 한국을 사랑하는 친한파 이스라엘인이다.

작년 11월 그의 업무와 상관없이 이화여대 프라임 사업단 교수와 부산 동서대 창업지원단장 교수와 함께 와이즈만연구소를 방문하였다. 그는 해외 출장 중이었다. 그러나 그는 친절하게 전임 와이즈만연구소 부총장이었던 데이빗 교수를 소개하고 그분이 직접 나와 내 손님들을 대접해 주었다. 심지어 와이즈만연구소와 상관없는 한국손님들을 모셔가도 그는 늘 친절하게 우리들을 환대해 준다.

뼛속까지 유대인들에게는 비즈니스가 숨겨져 있다. 그들은 단기간의 이득을 바라보지만 않는다. 그들은 한번 신뢰가 쌓으면 죽을 때까지 그를 믿어주고 거래를 한다. 그러나 유대인들은 아무나 믿지 않는다. 계속해서 파트너에 대한 무한신뢰를 쌓기까지 그들은 철저하게 필터링을 거쳐 검증을 한다. 그 과정이 어떨 때는 피곤하고 힘들지만 그것을 통과하면 유대인 네트워크를 가지게 되는 것이다.

한국인을 비하하는 말로 '냄비근성'이라는 말이 있다. 그만큼 금방 끓고 금방 식을 때 쓰는 말이다. 멀리 바라보지 못하는 한국인의 단점을 빗댄 말이기도 하다. 그래서 나는 유대인 네트워크를 가지기 위해 3년 동안 피나는 노력을 했다. 그중에 나를 제일 신뢰하고 도와준 친한파 이스라엘 VIP가 무디 세베즈 박사이다. 선진국을 바라보는 한국에 가장 시급한 것이 무엇일까?

나는 '과학자들이 존경받는 국가'가 되어야 한다고 생각한다. 과학자들이 우대받는 나라를 보면 선진국이 아닌 나라가 없다. 왜냐하면 한 국가의 장래는 과학자들의 손에 달려있다고 과언이 아니다. 과학자들이 그들의 달란트를 발휘하여 첨단기술 사회를 구현한다면 그 혜택은 국가와 국민에게 돌아가기 때문이다. 그래서 나는 무디 세베즈 박사가 한국에 꼭 필요한 친한파 이스라엘 과학자라고 생각한다.

나는 이 소중한 네트워크가 한국의 자산이 된다고 생각한다. 이들은 세계적인 과학자들이고 리더들이다. 이들과 교제를 한다는 것 자체가 클래스가 다른 것이다. 이들이 갖고 있는 세계적인 분야의 네트워크를 우리는 활용해야 한다. 유대인을 통하지 않고는 세계가 보이지 않는다. "모든 길은 로마로 통한다."라는 말이 있다. 세계는 유대인을 통하여 들어갈 수 있고 움직일 수 있다.

도전해 보라. 유대인 네트워크에!

노벨경제학상 수상자
로버트 아우만 교수(게임 이론)

✡

그를 처음 만난 것이 2012년 제1회 한국이스라엘비즈니스포럼을 하면서였다. 그는 백발을 휘날리며 호텔에 등장하였다. 바로 그때 호텔 안에서는 '에후드 올메르트' 전 이스라엘 총리가 연설을 하고 있었다. 열정적으로 연설을 하던 올메르트 총리가 아우만 교수가 들어온 것을 보더니 갑자기 연설을 멈추더니 아우만 교수를 소개하고 그에게 예우를 갖추지 않는가? 그 광경을 보는 나는 조금 의아해했다. 그리고 한참을 올메르트 전 총리가 그에게 경의를 표하는 중간마다 자연스럽게 그에 조크를 던졌던 것이다. 올메르트 전 총리가 그의 이름을 자연스럽게 부르면서 아주 오랜된 친구처럼 농담을 하였다. 이스라엘은 실용

▲ 히브리대 로버트 아우만 종신 교수 연구실에서

적인 나라이다. 총리와 학자가 서로 이름을 부르면서 격의 없이 우정을 쌓을 수 있는 열린 나라이다.

그는 1930년 6월 8일 독일 프랑크푸르트 암마인에서 태어났다. 어린 시절 나치스의 박해를 피해 미국의 '뉴욕'으로 이주하였다. 뉴욕대학에서 수학을 전공한 뒤 MIT로 진학하여 수학으로 석사, 박사학위를 받았다. 그는 이스라엘의 '히브리대' 종신 교수로 일하면서 프린스턴, 예일, 스탠퍼드 등 여러 대학에서 교환교수를 할 만큼 세계적인 교수가 되었다.

그는 게임 이론의 대가이다. 게임 이론은 1944년 폰노이만과 모르겐슈타인에 의해 창안되었다. 그것은 내쉬균형의 탄생과 함께 연결된 분석들로 모습을 갖추게 된다. 그러나 지속적으로 제기되는 문제점 중의 하나가 내쉬균형 존재성의 기반인 혼합전략의 해석이었다. 개인적인 성향의 합리성에 기초한 내쉬균형의 결과보다 경기자 모두에게 더 좋은 결과를 주는 전략조합이 있다는 것이다.(내쉬균형이란 각 참여자가

▲ 제1회 KIBF에서 만찬하는 아우만 교수 부부

상대방의 전략을 주어진 것으로 보고 자신에게 최적의 전략을 선택할 때 그 결과가 균형을 이루는 최적 전략의 집합을 말한다.)

그가 1959년에 발표한 논문인 "Acceptable points in general cooperative n-person games"는 장기적인 관계에서 발생하는 협력에 대해 수리적으로 완벽하게 분석해 냈다. 경제관계에서, 경쟁이든 협력 관계이든, 일회적인 경우보다는 장기적인 또는 영구적인 관계가 대부분이다.

보편적으로 받아들여졌던 원칙은 장기적인 관계에서는 '일회적인 관계에서 이탈에 의해 얻는 편익'을 상쇄할 협력 유인이 존재할 것이라는 것이다. 이것을 포크 정리(fork theorems)라고 불렸는데 아우만 교수의 수학적 세련됨으로 포크 정리를 완벽하게 설명할 수 있는 도구를 제시하였다.

그는 결론적으로 게임 이론의 분석을 통해 갈등과 협력에 관한 우리

▲ 제1회 KIBF에서 강연하는 로버트 아우만 교수

의 이해를 향상시켜 주었다. 그의 강의를 듣고 있으면서 느낀 점은 그가 아주 어려운 것을 쉽고 간결하게 풀어나간다는 것이다. 그것은 그의 학문의 깊이가 그 누구도 범접할 수 없기 때문에 그가 풀어내는 진리는 아주 쉽게 상대방에게 전달될 수 있는 힘을 가졌다.

한마디로 게임 이론은 경쟁주체가 상대편의 대처행동을 고려하면서 자기의 이익을 효과적으로 달성하기 위한 수단을 합리적으로 선택하는 행동에 대해 수학적으로 분석하는 이론이다. 특히 '무한반복 게임(infinitely repeated games)'을 통해 현실세계에서 행위자들의 형태를 처음으로 분석한 경제학자이다. 게임 이론을 통해 현실세계에서 어떻게 하면 협력을 끌어낼 수 있는지를 밝혀 낸 최초의 학자이다.

그는 이스라엘과 유대인의 성공 요인을 몇 가지로 요약했다. 첫 번째 이유는 '토라 공부'이다. 모든 유대인들은 토라 교육을 받으면서 모세오경을 거의 외울 정도로 이 토라 교육에 집중한다. 이스라엘 민족의

▲ 제1회 KIBF에서 윤종록 미래창조과학부 전 차관, 에후드 올메르트 전 총리, 노시청 필룩스 전 회장과 로버트 아우만 교수

수난과 역사를 통해 이스라엘 민족이 어떻게 생존했는지, 하나님의 선민백성으로 어떻게 살아가야 하는지, 주변 강대국들의 침략과 압박 속에 어떻게 생존했는지, 이를 극복하기 위해 어떻게 살아가야 하는지를 상세히 이해하고 암기해야 한다.

두 번째로 아우만 교수가 지적한 유대인과 이스라엘의 성공 요인은 '고난'이었다. 척박한 환경과 조건에서 제대로 된 교육과 배경은 없었다. 오로지 유대인은 고난을 통해서 성공한 민족이다. 유대인들은 그것을 통해서 무에서 유를 창조해 내는 비법을 터득한 것이다. 아무것도 없는 것에서 시작하여 성공할 수 있었던 유대인들의 뒤에는 그들의 피나는 노력과 훈련 외에는 없다.

아우만 교수는 유대인과 이스라엘의 세 번째 성공 요인으로 '기업윤리의 기준'의 탁월함을 이야기하였다. 그러면서 기업윤리의 기준을 성경의 '신명기 25장 13~15절'까지로 예를 들었다. 유대인들은 누구에게나 공정하고 원칙이 있는 기준을 두고, 어떠한 환경이나 예기치 못한 상황이 벌어져도 신뢰를 저버려서는 안 되는 것이다.

동반성장을 하기 위해서 중요한 것은 한 쪽으로 치우치지 않는 것이다. 법을 제정할 때 항상 소수를 위한 배려를 하는 것은 다수의 힘이 무리하게 소수의 권리를 짓밟을 수 있기 때문이다. 공정한 기준과 원칙은 중요한 것이다. 기업이 크든 작든 간에 기업윤리의 기준이 없이는 지속성 있는 기업을 할 수가 없다.

이스라엘의 벤처가 강한 이유는 정부의 투자지원 정책, 벤처들의 도전정신, 누구에게나 똑같이 기회를 주는 시스템, 10개 중의 하나만이라도 성공할 수 있다면 지원하는 '후츠파' 정신 등을 들 수 있다. 만약 당신이 이스라엘 국민이라면 당신도 누구에게나 똑같은 원칙으로 주는 정부의 지원을 받을 수 있다. 이것은 이스라엘 정부가 기업을 하는 분들에게 힘이 센 기업에 한쪽으로 치우친 정책이나 시스템을 운영하지 않고, 평등하고 수평적인 원칙으로 운영하기 때문이다.

최근에 로버트 아우만 교수를 그의 히브리대 교수 연구실에서 만났다. 여전히 그는 카랑카랑한 목소리로 나를 반갑게 맞아주었다. 그러면서 나에게 한마디를 거들었다.

"Hey David, Don't forget What I'm talking to you?"
"내가 원하는 것을 얻기 위해서 그가 원하는 것을 먼저 준다."

이때 상대방의 입장 차이가 드러난다. 필연적으로 발생되는 '갈등'을 어떻게 풀 것인가? 선택의 갈림길에서 현명한 결정을 내리는 것은 대단히 중요하다. 이것이 게임 이론이 말하는 인센티브의 출발이다. 점심을 먹고 그의 탁자 위에 있는 '위스키'가 보였다. 그는 나에게 위스키를 한잔 따라주며 게임 이론의 대가처럼 애정 어린 신의 한 수를 가르쳐 주고 있었다. 나는 그를 통해 왜 그토록 유대인들이 탁월하고 뛰어난지 알 수 있었다. 우리 한국도 유대인들과 친해져 그들만의 노하우와 네트워크를 배웠으면 좋겠다.

이스라엘 창업 사이버 보안 레전드
Check Point 도릿 돌 부사장

---✡---

이스라엘 창업을 이야기하라면 Check Point를 빼놓을 수 없다. 왜냐하면 글로벌 비즈니스 미래 전략사업 중에 하나가 '사이버 보안' 분야이기 때문이다. 이스라엘은 보안 분야에 있어 전 세계의 최고 클래스이다. 왜냐하면 900만의 국민이 13억 아랍 인구를 대상으로 '적과의 동침'을 해야 하기 때문이다. 그래서 보안 분야는 이스라엘이 자랑하는 것이다.

우리 한국도 북한과 대치하고 있다. 북한은 우리의 주적이자 통일을 이루어야 할 같은 민족이다. 나는 남북한이 통일을 이루고 나서 맞이할 세계가 궁금하다. 그래서 더욱 보안 분야는 우리 한국이 발전시켜

▲ Check Point 도릿 돌 부사장과 함께

야 할 분야이다. 특히 사이버 보안 분야는 남북한 통일 이후에도 일본과 중국을 상대로 해야 하는 우리 한국의 현실상 꼭 발전시켜야 할 분야이다.

그래서 나는 한국의 사이버 보안 분야의 카피해야 할 모델 케이스로 'Check Point'란 기업을 연구했다. 이스라엘 창업은 대학이나 사회에서 만난 친구나 회사를 함께 다닌 동료끼리 하지 않는다. 이스라엘 창업은 이스라엘의 독특한 군대문화와 연결된다. 이스라엘은 생사를 같이 하는 군대동기들끼리 창업을 함께 한다. 죽음이 오가는 사선에서 만난 군대동료가 서로에게 믿음과 신뢰를 주기 때문이다.

Check Point는 1993년 Gill Shwed가 창업하였다. 내가 항상 강조하지만 이스라엘 창업은 혼자 창업을 해도 시장은 글로벌을 타겟으로 한다. 홈페이지도 당연히 영어로 만든다. 1993년에 만든 이 작은 회사는 세계를 놀라게 하는 세계적인 사이버 보안 회사가 되었다. IT 보안업계 최초로 네트워크 보안기술을 개발하여 전 세계가 애용하고 있다.

▲ 제3회 KIBF에서 노시청 필룩스 전 회장, 최진성 이사장(전 SKT 전무)과 도릿 돌 부사장

이제 Check Point는 글로벌 톱 사이버 보안 회사이다. 미국의 글로벌 100대 기업의 회사가 모두 Check Point 보안 솔루션을 사용하고 있다. 전 세계 독보적인 사이버 보안 분야의 비즈니스 넘버원 회사이다. 이 회사는 끊임 없는 고객중심의 철학으로 지속적인 기술혁신과 포괄적이고 혁신적인 보안을 제공하고 있다.

내가 만난 도릿 돌(Dorit Dor) 부사장은 파이팅이 남자를 능가하는 슈퍼 파워를 가진 여성 리더이다. 그는 포럼에서 PT를 하는 모습이 강력한 슈퍼 파워 여전사를 떠올리게 하였다. 그는 마치 군대에서 PT대회에서 1등을 꼭 하려고 하는 파이팅을 볼 수 있었다. 나는 이스라엘 지인들에게 그녀가 얼마나 강력한 에너지를 갖고 있는지 들을 수 있다. "그녀가 아기를 분만하러 갈 때 유명한 일화가 있어요. 아기를 막 낳으려고 가는 분만실로 가는 순간까지 노트북을 들고 일을 하다가 분만실에 가서야 노트북을 놓고 애를 낳았어요." 내가 그녀를 만나면 제일 먼저 묻고 싶었던 질문이었다. 내가 그녀에게 그때의 상황을 이야기해주

▲ 제3회 KIBF에서 도릿 돌 부사장, 시원영어스쿨 이시원 대표와 함께

고 질문을 하자 그녀는 그것이 팩트라고 나에게 말해 주었다.

Check Point에서 Gill Shwed 회장이 가장 신임하는 임원이라고 한다. 그와 함께 동행한 비서들도 그녀를 향한 극찬이 끊이지 않았다. 그는 회사에서 없어서 안 될 소중한 리더이다. 그것도 남성이 아닌 여성으로서 그녀가 차지하고 있는 역량은 우리가 생각하는 것보다 훨씬 더 큰 것임을 나는 그녀와 대화를 하면서 알 수가 있었다.

우리 한국에도 글로벌 사이버 보안 회사가 탄생이 되어야 한다. 그렇지 않으면 우리의 안방을 Check Point 같은 회사에 내 주어야 한다. 나는 한국의 많은 젊은 창업가들이 사이버 보안 분야에 도전하기를 적극적으로 추천한다. 왜냐하면 사이버 보안 분야를 우리 한국의 청년창업가들이 도전하지 않으면 우리의 안방은 우리가 아닌 객이 주인 노릇을 할 것이다.

창업에 도전할 때 꼭 생각해야 할 것이 있다.

"이거 왜 내가 해야 되지? 이거 나 아니면 할 수 없는 거야?"

이 두 가지 질문에 답해보고 창업에 도전해 보자. 나는 한국의 청년창업자들에게 사이버 보안 분야에 꼭 도전해 보라고 강력하게 말하고 싶다.

CHAPTER 03

꾸머 스토리

꾸머는
질문한다

———— ✡ ————

2010년 11월 11~12일, 오바마 대통령이 G20 정상회의 때 서울을 방문하였다. 자기의 강연을 마치고 한국 기자들에게 궁금한 것이 있으면 질문을 하라고 하였다. 오바마는 대통령 초기 여러 번 한국 교육의 우수성을 미국 국민들에게 극찬을 하고 있었다. 그래서 그런지 오바마는 서울을 방문하여 한국의 상황과 문화들을 관찰하고 있었다. 그러나 오바마가 간과한 것이 있었다.

아메리칸 드림을 이룬 수많은 한국 사람들의 비밀이 열성적인 교육에 있다고 착각하였다. 왜냐하면 오바마가 만났던 한국계 미국인은 껍데기만 한국사람이지 이미 그들은 미국사람보다 더 미국사람에 가까운

▲ 버락 오마바 전 대통령(출처: EBS다큐프라임, '왜 우리는 대학에 가는가')

아메리칸이었다. 그런 모델을 한국에서 직접 보고 싶었던 그의 의도는 여지없이 깨지고 있었다. 그가 아시아의 여러 기자들이 있는 가운데 콕 집어 한국의 기자들에게 질문할 기회를 주었다.

한동안 정적이 흘렀다. 시간이 흘러도 한국 기자들은 아무도 오바마에게 질문을 하지 못했다. 어색해진 오바마는 한 번 더 한국의 기자들에게 질문할 기회를 주었다. 만약 영어가 서툴러서 질문을 하지 못한다면 통역사를 시켜 통역을 해 달라고까지 했다. 그러나 질문에 나서는 한국 기자들은 없었다. 그 틈을 타서 중국의 CCTV 기자가 유창한 영어로 오바마에게 한국 기자 대신 질문을 하였다.

그러나 오바마는 그에게 정중하게 거절을 하며 나는 한국의 기자들에게 질문의 우선권을 주었다고 하며 다시 한 번 한국 기자들에게 질문을 하라고 하였다. 세 번이나 구걸하다시피 오바마는 한국의 기자들에게 질문을 유도했으나 결국 한국 기자들은 아무도 나서지 않았다. 결국 그날의 질문은 중국의 기자가 한국 기자를 대신하여 질문권을 가져갔다.

▲ 중국의 CCTV 기자(출처: EBS다큐프라임, '왜 우리는 대학에 가는가')

얼마나 창피하고 숨기고 싶은 일화인가? 한국의 교육을 극찬하던 오바마는 그 이후로 한국의 교육이나 한국의 우수성에 대해 언급을 하지 않았다. 왜일까? 오바마는 한국의 속성을 정확히 읽을 수가 있었다. 한국인들의 기계같은 반복적인 우수성이 한계가 있다는 것을 깨달았을까? 오바마는 자기가 기대했던 한국의 역동성이 그저 소수의 엘리트 집단에서 본 것임을 알 수 있었다.

학교에서 질문해 본 적이 있는가? 아니 부당하고 불편한 일들을 당할때 항의한 적이 있는가? 우리는 공장에서 제품을 찍어내듯이 학교교육도 천편일률적으로 획일화된 교육을 받고 있다. 누군가 질문을 하고 수업을 주도하면 선생님은 짜증부터 내기 시작한다. 전체를 생각해서 질문은 개인적으로 하라고 학생들에게 강요를 한다. 그래서 한국의 학생들은 어떻게 질문하는지를 잘 모른다.

아니 옛날이나 지금이나 질문을 하면 이상한 애가 되거나 귀찮은 존재로 낙인이 찍힌다. 그래서 어렸을 때부터 질문하는 것을 꺼려 한다. 튀는 행동을 하거나 개성 있는 아이로 성장하는 것은 부모에게 달갑지 않은 일이다. 그래서 부모들도 웬만하면 자신의 자녀들이 불규칙하거나 불안정한 삶을 사는 것을 별로 좋아하지 않는다.질문 없는 국가, 질문 없는 사회, 질문 없는 조직, 질문 없는 개인….

만약 박근혜 정부에 제대로 질문을 할 줄 아는 한 사람이라도 있었다면 어떻게 되었을까? 이토록 대한민국 국민으로 살아가는 게 자괴감이 들지 않았을 것이다. 아니 글로벌하게 이야기하면 창피하고 거시기 해서 멀굴을 못 들고 해외에 나간다.

지금부터라도 질문 좀 하고 살자.

궁금하면 질문부터 해야지, 남에게 물어보거나 따라가지 말자. 내가 있어야 남이 존재할 수 있다. 내가 바로 서지 못하면 어떻게 남과 더불어 살 수 있을까? 내 존재의 이유는 질문에서부터 시작된다. 자신에게 솔직히 질문하지 못하면 당신은 그때부터 자신을 속이고 사는 것이다. 꿈을 꾸는 사람은 제일 먼저 무슨 일을 하든 질문부터 시작한다.

꾸머들이여!
질문 좀 하고 살자.

꾸머는
행동한다

—————— ✡ ——————

2015년 7월 22일 운명의 날이 다가오고 있었다. 70명의 청년들이 번 갈아가며 이곳이 하나님이 우리를 위해 준비해 주신 약속의 땅인가를 놓고 기도하고 난 후에 우리는 약속이라도 한 듯 모두가 같은 의견이 었다. 이곳을 통해서 수많은 청년들의 꿈을 꾸고 이루는 곳이 되게 해 달라는 응답을 받았다.

그리고 청년들이 조금씩 정성을 보태기 시작했다. 각자 형편에 맞게 기부를 하기 시작했다. 대학교에 다니는 학생들은 용돈을 쪼개서 10만 원씩, 20만 원씩 기쁜 마음으로 센터를 세우기 위해 모금을 자발적으 로 하기 시작했다. 그렇게 모인 돈이 540만 원…

▲ 합정동 꾸머스페이스 계약날

계약금 오천만 원이 있어야 하는데 시간이 흐르기 시작했다. 계약하는 날이 내일인데 내 수중에 돈이라고는 총 640만원이 전부였다. 4360만원이 있어야 하는데 전날까지 아무런 해결책이 나오지 아니하였다. 그래서 나는 내가 믿는 하나님께 이렇게 기도하였다. 만약 당신이 이곳에서 제가 청년들을 위해 센터를 세우는 것이 뜻이라면 도와달라고 기도하였다.

잘 알고 지내던 사장님 한분이 나와 점심 약속이 되어 있었다. 그래서 그분을 모시고 다짜고짜 합정동에 가서 건물을 보여주며 그동안 있었던 청년들의 일들을 이야기해 주었다. 이야기가 끝날 즈음에 그분이 내게 모자란 돈 오천 만원을 빌려주시기로 하였다. 지금 생각하면 기적 같은 일이 그때부터 벌어지기 시작했다. 그로부터 2015년 12월 31일 마지막 잔금까지 다 치르고 나서 그동안 내 스타일이 아닌 뭔가에 홀린듯이 일들이 진행이 되었다.

한 푼도 없이 그저 합정동 건물 담벼락 야외주차장에서 기도하다가 덜컥 계약을 하고 잔금까지 치르고 들어와 건물을 수리하기 시작했다. 내가 처음 계약을 할 때도 이미 나보다 먼저 계약을 한 분이 있었다. 내가 부동산에 전화를 걸어 이 건물의 계약에 대해 문의를 했을 때는 이미 계약금을 주고 가신 분이 계셨고 혹시 모를 경우에 나보다 먼저 기다리고 계신분이 있었다.

그래서 삼순위로 기다리는 나에게는 기회가 없을 것 같았다. 그러나 기적같이 나에게 건물을 계약할 수 있기 위해 첫 번째 분은 계약금을 포기하고 계약을 중지하셨고 나보다 먼저 계약을 하기 위해 기다리신 분도 계약을 포기하셨다. 그리고 나에게 계약의 기회가 왔고 기적 같은 스토리로 계약을 하게 되었다.

운칠기삼. 운이 7할이고 재주나 노력이 3할이라는 말이 있다. 내가 하나님을 믿지 않는다면 바로 딱 나에게 맞는 표현일 것이다. 그러나 나는 이것을 내가 믿는 하나님이 주신 기회라고 생각한다. 처음 이 건물을 보고 계약할 때까지 벌어진 스토리를 보면 내 능력이 아니라 하나님이 이 나라의 청년들을 위해 이곳에 드리밍 센터를 세워주신 것이다.

꿈꾸자. 그냥 꿈이 아니고 모든 사람들을 이롭게 할 수 있는 꿈을 꾸자. 기독교에서 말하는 사랑은 두 가지이다. 하나님을 사랑하듯 이웃을 사랑해야 한다. 나와 함께하는 이웃이 행복할 수 있다면 그것은 모든 사람에게 이로운 것이 아닌가? 나는 세상의 모든 사람들이 행복할 수 있다고 생각하지 않는다. 어느 누군가에게 아무리 좋은 부와 명예와 사랑을 준다 해도 비관적인 사람이 있다.

그러나 내가 알고 체험하고 살아가는 세상은 아름답다고 믿고 싶다. 그 누군가에게 꿈과 희망이 되어준다는 것은 보람되고 기쁜 일이다. 눈에 보이는 성공이 아니라 눈에 보이지 않지만 사람을 움직일 수 있는 감동이 있다면 더 가치있고 행복한 일이 아닌가?

나는 오늘도 합정동에서 꿈을 꾸고 있다. 오늘은 날씨가 좋아 합정동 꿈의 테라스에서 하루종일 앉아 있었다. 그곳에서 살아있는 꿈을 발견하였다. 아직도 내 속에서 꿈틀거리고 있는 청년들을 향한 아름다운 희망의 증거가 되고 싶다. 감히 '오늘도 꿈꾸자'라고 크게 외치고 있다. 그것을 위해 내가 할 수 있는 것은 청년들에게 꿈을 펌프질하는 것이다.

꾸머는
댓가를 지불한다

—— ✡ ——

2015년 7월과 8월의 여름은 장난이 아니었다. 뜨거운 태양과 비 오듯이 내리는 땀을 닦아가며 나는 건물을 리모델링하고 있었다. 합정동 소재 376-34의 구글 지도를 검색하면 지금도 옛날 건물이 나온다. 지금의 모습과 과거의 구글 지도에 나오는 모습을 비교해 보면 합정동의 꾸머센터는 '경천동지'하게 바뀌었다.

누가 나에게 이런 질문을 했다. "왜 당신의 건물도 아닌데 이렇게 정성 들여 가꾸고 리모델링을 하십니까?" 나는 그런 분들에게 이렇게 대답을 했다. "청년들이 꿈을 꾸고 이룰 수 있는 공간은 아무나 대충 만드

▲ 합정동 꾸머스페이스 리모델링 후 건물 모습

는 것이 아닙니다." 물론 나의 힘으로 이 모든 것을 바꾼 것은 아니다. 첫째는 가난한 청년들의 작은 정성이 모여 계약을 할 수 있었고, 그것도 할 수 없는 청년들은 팔을 걷어붙이고 현장에 나와 함께 노동을 하고 페인트칠을 하고 마당을 손질하였다.

어느 한 사람의 힘으로 바뀌는 것은 그 사람의 전유물이 될 수 있다. 그러나 모두 비전을 갖고 함께 꿈을 꾸고 나가면 그 안에 보이지 않는 힘찬 동력이 생긴다. 그러나 그것만으로 역사를 이루기에는 부족하다. 왜냐하면 창조의 새 역사는 어느 한 사람의 주인공에 의하여 만들어지는 것이 아니다. 수많은 조연과 엑스트라들이 함께 꿈을 꾸고 그 길을 걸어가야 새 역사를 쓸 수 있는 것이다. 그러나 많은 조급한 리더들이 이 진리를 잊어버리고 리더를 한다.

탁월한 리더는 혼자 움직이지 않는다. 자기만의 생각이 맞다고 고집하지 않는다. 공통의 비전을 제시하고 비전을 향해 움직이는 동력을 최대한으로 끌어올린다. 그러는 과정에서 반드시 잡음과 혼란이 온다. 때로는 리더에게 향하는 비난과 고성이 오갈 수 있다. 나는 합정동에 처음으로 하드웨어를 만드는 과정에서 이러한 점을 중요하게 생각하였다.

그러나 나의 생각과 달리 여러 가지 대가를 치러야 했다. 전체적인 총론과 공동체 구성원의 개개인의 생각이 달랐다. 나는 결단을 내려야만 했다. 나와 뜻을 같이하는 사람들에게 공동체의 비전이 맞지 않으면 정중하게 물러나야 한다고 예고를 했고 50% 이상이 그만두는 아픔을 겪어야 했다. 지금 생각해 보면 나의 부덕의 소치였다.

그러나 미래를 향해 뜻을 모아 비전을 같이할 때 가장 중요한 것이 꿈의 댓가를 지불하는 것이다. 그것이 아무리 가슴이 아프고 힘들어도

▲ 합정동 꾸머스페이스 리모델링 공사 모습

참아내어야 한다. 왜냐하면 우리 인간의 마음의 생각이 다 똑같고 옳을 수 없기 때문이다. 지금 생각해 보면 후회도 되고 어렵고 외로운 순간이었다. 그러나 꿈의 댓가를 지불하지 않고 꿈을 이루는 것은 불가능하다.

대신 꿈을 이루는 과정에서 실패를 통해 얻어지는 교훈과 깨달음은 소중하다. 가슴 깊이 새기고 다시 똑같은 실수를 하지 않기 위해 피나는 노력을 해야 한다. 나도 꿈의 댓가를 지불하면서 배운 엄청난 교훈을 잊지 못한다. 지나고 나서 보니 다 나의 부덕의 소치였다. 남의 탓이 아니라 내 탓이었다. 그래서 오늘도 꿈을 향해 달려가는 청년들에게 이런 말을 해 주고 싶다.

꿈은 댓가를 지불하는 것이다. 특히 실패를 통해 얻은 깨달음은 반드시 되풀이 된다. 이것을 반복하지 않기 위해 필요한 것은 기록하고 각성하고 묵상하고 행동하여 다시는 똑같은 실수를 범하지 않는 것이다. 오늘도 꿈의 레이스를 펼치고 있는 젊은이들에게 응원을 보낸다.

꾸머는
시행착오를 겪으면서 성장한다

———— ✡ ————

2015년 7월 22일 계약을 하고 합정동 꾸머센터에 들어왔다. 그리고
첫 번째 건물을 리모델링하고 조촐하지만 우리끼리 오픈식을 했다. 모
두가 감격스런 얼굴로 축하해 주었다. 그런데 나중에 안 사실이지만
모두가 축하는 해 주었지만 대단한 부담과 걱정을 하고 돌아갔다고 한
다. 왜냐하면 나의 일하는 스타일과 달리 하드웨어를 너무 크게 벌려
제대로 감당할 수 있을지 걱정이 되었다고 한다.

그런데 그분들이 걱정한 것은 기우가 아니었다. 2015년 7월 22일부터
꾸머센터 정식 오픈식을 하는 2016년 5월 30일 동안 무려 10개월이

▲ 합정동 꾸머스페이스 초기 건물 모습

140

걸렸다. 그리고 간판 디자인을 세 번이나 바꾸면서 험난한 세월을 견디어야 했다. 합정동에 계약을 하고 들어와 무려 10개월 동안 나는 현실 속에 꿈들을 이루어 가기 위해 목숨 걸고 하루하루를 보내야만 했다. 첫 번째 간판은 KAIC글로벌 창업센터를 뜻하는 디자인을 하여 지나가는 사람들의 궁금증을 만들었다. 왜냐하면 합정동의 건물은 무려 10년 동안 관리가 되지 않는 폐허 건물과 같았다. 나무들만 무성하고 건물 안은 지은 지 35년이 넘는 오래된 건물에 모든 것이 다 리모델링의 대상이 되었다. 전기, 페인트, 수도, 방수, 배수 등 모든 것을 다 수리해야 하는 상황이었다.

특히 오래된 건물의 특징은 단열과 방수가 안 되어 여름과 겨울철에 대책이 없었다. 그리고 전기 공급량이 옛날 대형주택이지만 사무실 용도로 쓰기에는 용량이 턱없이 부족했다. 전부 다 돈이 들어가야 하는 최악의 상황이었다. 내가 할 수 있는 것은 나와 뜻을 같이하는 사람들의 도네이션과 내가 가진 커피숍의 권리금 6,000만원이 전부였다.

이때부터 나는 소위 노가다를 직접 하였다. 내가 직접 설계를 하고 노동을 하고 일꾼들을 불러 일을 시켜야 했다. 그런데 나는 건축에 문외한이었다. 태어나서 부모를 잘 만나 고생 한번 안 하고 유복하게 잘 성장하였다. 나의 학창시절 유학을 가려면 거의 손꼽히는 수준의 부자들 자녀들만 갈 수 있었다. 나는 소위 요즘 말로 하면 금수저로 태어난 사람이었다.

그런데 태어나서 처음으로 혹독한 고생을 하였다. 책상에 앉아 청년들과 젊은 CEO들을 멘토링하는 멘토가 아니라 땅에서 흙을 만지며 장갑을 끼고 노동을 하는 사람으로 변해야 한다. 그래서 나는 건축에 관해서 공부를 하기 시작했다. 내가 잘 모르면 건축에 관한 전문가를 만나서 질문해 가며 건물 리모델링을 하였다. 역시 많은 사람들의 우려가 현실이 되었다.

숲을 보고 나무를 보아야 한다. 건축이 바로 이것과 똑같다. 숲을 보지 않으면 나무를 보다가 여러 번 똑같은 실수를 한다. 고치고 나서 보면 또 모자란 것이 있어 다시 똑같은 것을 고쳐야 한다. 이 과정을 몇 번 하다 보니 나도 모르게 짜증도 나고 실망도 하며 서서히 지쳐가고 있었다. 그래서 리모델링을 하기 전에 건축전문가에게 가서 공사를 시작하기 전에 철저히 공부를 하고 나서 시공하는 버릇이 생겼다.

꾸머센터의 KAIC창업센터 리모델링을 마치고 건물 외관에 있는 두 번째 간판을 달았다. 나의 의지를 담은 도전적인 간판이었다. '쫄지마 도전해 걱정말고 창업해' 간판을 걸자 마자 합정동 주민들이 와서 여기서 하는 것이 무엇인지 질문하는 분들이 생겨났다. 하기야 합정동이란 동네는 오래된 마을이라 여기서 사시는 분들은 원주민들이 많았다.

그리고 창업을 가르치는 비즈니스를 합정동의 주민들은 본 적이 없는지라 동네의 명물이 되었다. 원래부터 300평 정도 되는 대저택이 본래 이 건물이었고 집밖으로 엄청난 크기의 나무들이 무성하게 숲을 이룬 저택이라 합정동의 원주민들은 이 건물을 알고 있었다. 그런데 내가 들어가 이 집의 지형을 바꾸고 리모델링을 하고 건물을 새로 짓고 하는 것을 보고 신기해 하였다.

어떤 분은 오셔서 나보고 유명한 건축가이냐고 질문하였다. 왜냐하면 그분들이 보기에 오래되고 낡은 집을 합정동의 랜드마크격인 새로운 빌딩으로 탈바꿈을 하는 것을 처음부터 지켜보며 궁금증을 나타내기 시작했다. 두 번째 간판은 합정동의 주민들에게 '창업 비즈니스'라는 생소한 분야를 알리는 좋은 계기가 되었다.

세 번째 합정동의 대문은 기둥 세 개를 남기고 모두 허물었다. 왜냐하면 새 술은 새 부대에 담아야 한다는 생각이 들어 거대한 대문을 허물고 기둥 세 개만 남기고 철거하였다. 막상 대문을 헐고 합정동의 큰 마당이 온 천하에 공개 되니 지나가는 합정동의 주민들이 모두 좋아하였다. 이 건물에 신비감을 가지고 있던 동네 주민들이 마당에 있는 나무와 꽃을 직접 볼 수 있는 광경이 연출되었다.

원래 기둥을 남겨둔 의도는 돌로 되어있는 기둥이 고전적인 이미지와 현대적인 개혁의 이미지가 함께 있어 괜찮을 것 같아서였다. 그러나 막상 건물의 외관을 짓고 나니 철과 돌이 부딪혀 전혀 어울리지 않는 흉물이 되었다. 그래서 다시 결단을 내려 이 건물의 상징인 대문의 기둥을 철거하기로 했다. 이때부터 나는 밤에 집에 들어가지 못했다.

건물 입구를 다 열어 놓아서 밤에 누군가가 침입을 하면 속수무책이었다. 낮에는 노동을 하고 밤에는 불침번을 서고 그러기를 두 달을 하고 나니 체력이 방전되었다. 그런데 그때는 무슨 힘이 났는지 힘든 줄을 몰랐다. 하루하루 변해가는 '꾸머센터'의 모습을 보고 기뻐하였다.

이제 '꾸머센터'를 완성하고 보니 무수히 많은 시행착오가 있었다. 비싼 수업료를 내고 후회한 적이 많았다. 적은 돈으로 건축을 해야 하니 재정에 관한 압박감도 장난이 아니었다. 그리고 적지 않은 홍역을 치루면서 배운 것이 있다. 꾸머는 시행착오를 겪으면서 성장한다는 것이다. 꾸머는 실패는 해도 포기는 하지 않는다. 꾸머는 수업료를 내도 똑같은 실수를 반복하지 않는다.

꿈꾸는 자는 시행착오를 통해 배우는 것을 좋아한다. 왜냐하면 우리가 꿈을 이루는 과정은 절대로 공짜로 주어지는 것이 아니기 때문이라는 것을 깨닫기 때문이다. 시행착오 속에 배우는 수많은 교훈들을 가슴에 새기고 다음번에는 실수를 하지 않기 위해 만전을 기한다. 나는 실패를 통해 꿈을 더욱 굳건히 세우는 것을 배우는 계기가 되었다. 꾸머들이여, 실패하는 것을 두려워하지 말라!

꾸머는 개집을
열두 번 고치는 사람이다

— ✡ —

당신에게 개가 있다면 그 개를 위해 집을 지어주어야 한다. 그런데 일반적인 사람이면 개집을 사 주거나 정성이 있는 사람들은 한 번 정성을 들여 개집을 지어줄 것이다. 이쯤 되면 많은 애견가도 칭찬할 만하다. 그런데 나는 그렇게 생각하지 않는다. 개인적으로 나의 아내가 개를 좋아하지 않아 개를 키우지 못하지만, 만약 내가 개를 키운다면 개집을 몇 번이나 지어줄까?

만약 내가 개를 키우고자 한다면 나는 아마 1년에 12번은 그 개를 위해 집을 지어줄 것이다. 왜냐하면, 한번 개집을 짓고 나면 부족한 점이 보일 것이다. 그러면 다시 한 번 그 부족한 점을 보완하기 위해 다시 또 개집을 지어줄 것이다. 그런데 세 번째 개집을 지어도 허점이 보일 것이다. 나는 그럴 경우 다시 네 번째 개집을 더 멋있고 튼튼하고 세련되게 지어줄 것이다.

12번이 아니라 나는 평생 개를 키우면 죽을 때까지 더 나은 개집을 위해 지을 것이다. 왜냐하면, 나는 무언가를 시도하고 변신하고 행동하는 것이 나에게 있어 창조와 생명력을 불어넣는 것을 행복과 보람으로 여기기 때문이다. 그리고 개집을 계속해서 반복적으로 짓다 보면 늘 내가 보지 못했던 새로운 점과 멋있는 가치와 철학을 발견할 것이기 때문이다.

나이가 들면서 사람은 안정된 것을 추구하게 되어 있다. 인생을 극적으로 살면 살수록 안정적인 미래를 바라는 것은 지극히 당연하다. 나도 오십을 넘어 보니 내 인생이 인제 그만 드라마틱했으면 좋겠다. 왜냐하면 내가 그리 멋있지도 잘나지도 않았는데 주제넘게 남을 위해 사는 것이 쉽지 않다는 것을 깨달았기 때문일까?

그러나 나는 죽을 때까지 개집을 계속해서 고칠 것 같다. 첫 번째는 유전적으로 개척을 좋아하는 DNA가 있고 후천적으로 끊임없이 변화하는 것을 좋아하고 변화하는 이 시대에 내가 해야 할 역사적 사명이 있다고나 할까? 나는 믿는다. 개집을 한 번 짓는 사람보다 개집을 열두 번 고치는 사람이 더 발전적이고 미래지향적이고 독립심이 강한 사람이다.

이제 백세 시대를 살고 있다. 보통 60~70살에 은퇴를 하면 나머지 30~40년을 어떻게 살 것인가? 사람이 은퇴하면 금방 늙어버린다. 매

▲ 꾸머는 스스로 개집을 끊임없이 고치는 사람이다.

일 반복되었던 일상생활을 뒤로하고 갑자기 시간이 많아지는 것이다. 특히 샐러리맨으로 살던 분들은 수동적인 삶에서 능동적인 시간을 가져야만 하는 여유로운 시간이 그분들에게 부담으로 느껴진다.

그러나 개집을 열두 번 고치는 사람은 어떤 상황과 어려움 속에서도 극복을 하는 개척정신이 있다. 굳이 하지도 않아도 될 개집을 여러 각도로 더 나은 면을 발견하여 계속해서 개선하는 사람은 은퇴 후 새로운 직업과 일거리에 도전할 수 있다.

내 인생에 '은퇴'란 없다. 잠시 쉬어가고 충전하는 것은 있어도 완전히 은퇴하는 것은 '죽음'이다. 그래서 나는 개집을 오늘도 고치고 있다. 끊임없이 노력하고 실패해도 다시 일어나 도전하는 것은 청년들의 특권이 아니라 삶을 적극적으로 사는 사람들의 행복이다. 오늘도 개집을 짓다가 실패하고 절망하는 청년들에게 다시 일어나 개집을 완성하라고 말해주고 싶다.

꾸머는 절망하고
다시 일어선다

— ✡ —

합정동 376-34···. 성지길 40···.

나는 주소란의 구주소와 신주소를 보면 웃음이 나온다. 왜냐하면 합정
동에 들어올 때는 구주소를 썼는데 이곳에 하드웨어를 짓고 나서 신주
소를 쓰고 있기 때문이다. 나에게 많은 사람들이 똑같은 질문을 반복적
으로 한다. 이렇게 크고 넓은 대지에 훌륭한 건물을 신축하고 이곳에
한국의 다음 세대를 세우기 위한 '꾸머센터'를 지은 비결이 무어냐?

사람들은 눈에 보이는 하드웨어를 보고 평가를 하는 경향이 있다. 사

▲ 합정동 꾸머스페이스 창업 슬로건

148

람의 성공도 그가 이루어 놓은 결과를 놓고 말을 한다. 그러나 나는 눈에 보이는 것이 전부가 아니라고 말한다. 왜냐하면 진짜 중요한 것은 눈에 보이는 것이 아니라 눈에 보이지 않지만 감추어져 있어 경험해 보지 않으면 알 수가 없는 것이다. 성공이란 무엇일까? 눈에 보이는 업적을 평가할 수 있을 때 성공일까?

나는 성공이 명사가 아니라 '동사'라고 본다. 성공의 사전적인 의미가 목적하는 바를 이루는 것이다. 그래서 성공이란 명사가 아니라 지금도 움직이고 있는 동사라고 본다. 그런데 내가 성공했다고 하시는 분들을 보면 엄청난 내공이 그 안에 있다. 그것은 평범한 사람이 도저히 흉내 내지 못하는 '본질'이 있다. 그런데 많은 청년들이 그것을 카피하려고 한다.

절망을 아는가? 절망이 무엇일까? 바라볼 것이 없게 되어 모든 희망을 끊어버리는 것을 말한다. 성공한 사람들이 가지고 있는 공통적인 특징은 절망적인 상황에서 인생을 다시 시작한다는 것이다. 절망했는데 어떻게 다시 시작할 수 있을까? 내가 인생을 살아보니 절망을 해 보아야 성공을 할 수 있다는 것이다. 절망 없는 인생의 성공은 모래 위에 집을 짓는 것과 같다.

나의 인생을 돌아보니 나 역시 절망 때문에 다시 일어설 수 있었다. 20 대에 한창 잘 나가던 시절에는 무서울 것이 없었다. 하는 사업마다 대박을 터뜨리는 실패를 모르는 인생이었다. 그러다 IMF에 죽을 만큼 어려운 시절을 일 년을 보냈다. 그리고 나서 보니 인생이 새로웠다. 그때 난생 처음으로 인생의 절망을 깨달았다. 다시 생각하기 싫을 정도로 처절하게 절망을 맛보았다.

그때 깨달은 것이 있었다. 내가 잘 나갈 때 내 주변에 있는 사람은 의

미가 없었다. 내가 가장 어렵고 힘들 때 내 주변에 누가 있는가가 보이기 시작했다. 처절하게 인생의 밑바닥을 치고 있을 때 그때 사람의 인간성이 보였다. 누가 나를 가장 잘 이해하고 아끼고 사랑하는 사람일까? 나는 지금도 사람을 잘 믿지 않는다. 왜냐하면 인간의 가장 밑바닥을 경험해 보지 못하는 사람은 아직도 인생을 모르기 때문이다.

그래서 나는 성공한 사람보다 실패한 사람을 더 좋아한다. 성공한 사람을 만나는 것보다 실패한 사람을 만나는 것을 더 좋아한다. 왜냐하면 성공한 사람들은 항상 그때 사람들로 문전성시를 이룬다. 그리고 그 사람들이 나의 진정한 친구요 동료라는 착각을 한다. 그러나 내 성공의 거품이 꺼질 때면 그 사람들은 언제 내 곁에 있었을까 싶을 정도로 흔적조차 없어진다.

사람들은 내가 가지고 있는 '네트워크'에 관심이 많다. 한국 사람들은 아직도 무슨 일을 시작하려고 하면 그 일에 적임자나 책임자를 찾는다. 누구 알아? 그 사람 좀 소개 시켜주세요. 왜냐하면 내가 그 일을 하는데 그 사람이 필요하기 때문이다. 그러나 이런 사람은 100% 실패한다. 자기의 진정한 실력과 노력으로 이루어지는 것이 아니라 관계와 빽으로 이루어지는 성공은 모래 위에 집을 짓는 것과 같다.

내가 살아보니 성공은 다음의 성공을 하지 못하고 멈추어진 성공은 성공이 아니다. 다시 말해 지속적인 성장과 개혁을 하지 않으면 성공이란 것은 항상 내 옆에 머물러 있지 않는다. 성공은 끊임없이 노력하고 대가를 치를 때 얻어지는 '보너스'이다. 성공은 그만큼 내 옆에 안주하는 것이 아니라 늘 나에게서 도망치는 것을 붙잡고 노력할 때 생기는 결과이다.

여기에 절박함이 있어야 한다. 내가 말하는 절박함이란 그 속에 목숨을 걸 만큼 '절망'을 맛보아야 한다. 수많은 날들을 불면의 밤으로 지새운 적이 있는가? 뜬 눈으로 밤을 지새우며 도저히 해결이 나지 않을 정도로 막막한 현실에 절망해 본 적이 있는가? 나는 그런 경험을 아직도 많이 하고 있다. 아니 밥 먹듯이 매일 하고 있다.

특히 내가 합정동에 '꾸머센터'를 지을 때 나는 매일 절망하고 있었다. 아직도 많은 사람들이 합정동의 하드웨어를 보고 질문한다. 이곳에 센터를 짓기 위해 들어간 돈을 어떻게 마련하였느냐고? 내 주변에 돈 많은 부자들이 도네이션을 해 주었냐고 묻는다. 그런데 나는 이곳에 꾸머센터를 짓기 위해 매일 절망하고 있었다.

나는 매일 다음날 주어야 할 공사비를 마련하기 위해 수많은 불면의 밤들을 지새워야 하였다. 이곳에 건물을 완공하고 오픈식을 하는 날을 볼 수 있을까 하고 나 스스로 부정적인 생각들을 하였다. 1년이라는 공사기간 동안 두 번 정도 사는 게 너무 힘들어 밧줄을 가지고 2층 베란다에 가서 자살할 생각도 하였다. 나의 인생이 여기서 끝나는 줄로 생각한 적도 있었다.

사람들이 떠나가고 믿었던 사람들에게 배신을 당했다. 여기저기서 말도 안 되는 '루머'를 터뜨리며 나를 괴롭혔다. 나를 잘 아시는 선배와 어른들이 와서 걱정스러운 눈빛으로 자기가 들은 소문을 내게 말해 주며 꼭 이렇게 덧붙였다.

> "나는 David를 믿어, 너가 살아온 인생이 그토록 수많은 절망 속에
> 다시 일어서 많은 사람에게 희망을 주었듯이 이번에도 다시 일어
> 서서 반드시 해내리라고 믿고 있어."

▲ 노시청 필룩스 전 회장, 손혜원 전 국회의원, 최진성 SKT 전 전무(오른쪽부터)와 함께

나는 드디어 1년이라는 절망과 싸워 이곳에 '꾸머센터'를 지었다. 절망이라는 것과 친구 삼아 나는 매일 사투를 벌이고 있었다. 그리고 절망이라는 어려움과 한숨 속에 새로운 희망을 찾아내었다. 나는 지금도 절망이라는 놈과 친하게 지내고 있다. 왜냐하면 절망은 나를 단련시키기 위한 좋은 동기부여이기 때문이다. 절망이 나를 지금까지 버텨내게 만든 유일한 희망이다.

2016년 5월 30일 절망속에 몸부림치며 도저히 해내지 못할 것 같았던 '오픈식'을 해냈다. 많은 분들이 오픈식에 오셔서 축하해 주셨다. 박홍섭 마포구청장님, 손혜원 국회의원님, 노시청 필룩스 회장님, 최진성 SK 텔레콤 CTO 등 귀빈들이 오셔서 오픈식에 축하 멘트를 해 주었다. 갑자기 합정동에 엄청난 인파들이 몰려들었다. 그리고 오랜만에 미소를 지은 나의 모습이 사진에 담겨졌다.

나는 그때나 지금이나 똑같이 절망하고 있다. 이놈의 안정적인 상황은 언제 올까? 나는 아이러니하지만 그런 순간은 오지 않을 것 같다. 아니 오더라도 죽는 날까지 절망과 벗삼아 지내야 할 것 같다. 그래도 나는 절망을 통해 이곳 합정동 '꾸머센터'를 세우고 있다. 절망은 그리 좋은 놈은 못된다. 그러나 절망은 성공하기 위한 좋은 밑거름이 된다.

나는 오늘도 절망한다. 매일 절망과 싸워 이길 때도 있고 질 때도 있다. 이 지긋지긋한 싸움을 언제 끝내야 할까? 그러나 나는 절망이 가져다 주는 교훈을 깊이 깨닫고 있다. 절망을 통해 배우는 좋은 교훈을 나의 가슴속 깊이 새기며 살아가고 있다. 그리고 수많은 청년들에게 말해주고 있다. 절망을 모르는 청년들에게 다시 일어설 수 있는 희망을 얘기해 주고 있다.

절망을 좋아하는 사람은 없다. 그러나 절망은 성공을 향해 달려가는 사람들에게 입에 쓴 좋은 약이다. 그래서 나는 오늘도 나를 찾아오는 수많은 사람들에게 절망을 이야기한다. 진정한 성공은 절망을 경험해 본 사람에게 진짜 성공이 무엇인지 가르쳐 준다. 그래서 나는 합정동 '꾸머센터'에서 절망을 통해 다시 일어서는 진짜 성공을 말해 준다.

▲ 합정동 꾸머스페이스 오픈 행사

꾸머는 미래를
이끌어 간다

------------------ ✡ ------------------

2011년 1월 27일 여의도 렉싱턴 호텔에 33명의 청년 CEO들이 모였다. 당시 '앙팡 테리블'이라고 불리는 청년 CEO들을 내가 조직하여 모았다. 이유는 간단했다. 나 역시 20~30대에는 잘 나가는 사업가였다. 풍랑의 30대를 거쳐 40대에 들어서 나는 인생의 전환기를 맞았다. 그때 부터 나는 내가 스타가 되기보다는 스타를 만드는 멘토가 되기로 마음먹었다.

나의 인생을 잠깐 이야기하자면 일찍부터 사업에 성공하여 무서운 것이 없던 청년 시절을 보냈다. 더군다나 내가 사업을 하던 80~90년대

▲ CEO MBA 비전 임팩트 모임

는 한국의 발전이 급속도로 진행되던 시기라 무얼 해도 되던 시대였다. 젊은 나이에 대박을 터뜨린 나는 정신없이 부와 명예를 자랑하였다. 그리고 거칠 것 없이 잘 나가던 시절을 거쳐 인생의 하프타임을 40대에 맞이하게 되었다.

그리고 주위에 나같이 청년 시절에 성공한 젊은 CEO들을 눈여겨 보았다. 가만히 보니 일찍 성공한 청년 CEO들의 공통점이 있었다. "과연 내가 언제까지 이 사업을 지속적으로 성공시킬 수 있을까?"에 대한 두려움과 미래의 불확실성에 대해 질문이었다. 나 역시 청년사업가 시절 가지고 있던 공통적인 고민이었다.

그래서 나는 '크리스천CEO 매거진'을 창업하였다. 나의 종교가 크리스천이었기에 나는 정직하고 깨끗한 부자를 꿈꾸는 청년 CEO들을 불러모았다. 각 분야에서 일찍 성공한 청년 CEO들은 나의 말에 공감을 표시하기 시작했다. 그리고 내가 제시하는 '멘토링'에 대해 관심을 가졌다. 나는 이들에게 성공한 기업가를 초청하여 멘토링을 받자고 제안하였다.

그렇게 모인 33명의 젊은 CEO들은 매달 한번 여의도 켄싱턴 호텔에서 모여 자수성가하신 성공한 기업인들로부터 한 수를 배우는 모임을 가졌다. 훗날 이것이 한국이스라엘기업협의회를 만드는 모태가 되었다. 처음부터 잘 되었던 것은 아니다. 항상 기업을 하는 사람들은 '간'을 본다. 좋게 말하면 신중한 것이고 거시기 하게 말하면 뜸을 들이는 것이다.

그러나 나는 처음부터 배부르게 시작하려고 하지 않았다. 나같은 고민을 하는 청년 CEO에게 멘토링을 통해 도움을 줄 수 있다면 내가 할 일은 다 한 것이라고 생각하였다. 그래서 탄생한 것이 지금의 모임으로 발전하게 된 것이다. 그때를 생각하면 기적 같은 일이 벌어졌다. 왜냐하면 3주만에 33명의 CEO들을 일일히 만나 나의 비전과 철학을 설명하고 동참하도록 했다.

시원스쿨의 이시원 대표, 이노레드의 박현우 대표, 헬로 키티의 김종석 대표, 가배두림의 이동진 대표, 죽이야기의 임영서 대표, 법무법인 루츠알레의 김명섭 변호사 등 20~30대의 에너지가 넘치고 유망주인 청년 CEO들을 모으고 모임을 시작하였다. 이후에 상장기업과 중견기업의 CEO들이 합류하였다. 그리고 이 모임의 맏형으로 TGIF 코리아 이선용 회장이 모임의 회장으로 섬겨주셨다.

지금은 잘 나가는 청년 CEO들의 대표들이다. 각 분야에서 최고라고 인정받는 CEO들이다. 적어도 실력이나 비즈니스 결과로 보면 둘째 가라면 서러울 정도로 탁월한 경영인들이 되었다. 그런데 이들은 어떻게 그런 사람이 되었을까? 내가 생각하기에 우리 모임의 청년 CEO들은 기본 바탕이 좋은 품성과 인격을 가져서 그렇다고 생각한다.

먼저 종교가 다 그렇지는 않지만 대부분이 크리스천이다. 기독교가 말하는 하나님이 사람을 사랑하듯 우리 크리스천들도 세상 사람들을 사랑하고 섬기고 봉사해야 하는 이타적인 봉사정신이 있다. 나보다는 모두를 생각하고, 나의 이익보다는 전체의 이익을 생각하는 봉사의 정신이 있다. 그리고 수많은 비즈니스의 어려움들을 신앙의 힘으로 견디어 내기 때문일 것이다.

지금부터 꿈을 꾸는 사람들의 과거와 현재의 실화를 바탕으로 어떻게 그 꿈을 이루어 가는지 이야기하고 싶다. 선두로 이야기하자면 나와 함께 꿈을 꾸던 꾸머들은 그냥 하늘을 쳐다보고 운좋게 그 자리에 올라선 것이 아니다. 때로는 치열하게 노력하며 어렵고 힘든 순간들을 견디어 낸 사람들만이 지금의 자리에서 후배들에게 자신있게 말할 수 있는 것이다.

"No Cross, No Crown."

꾸머,
글로벌 인재와 기업을 키우다

———— ✡ ————

나는 이제 오십이 넘어 인생의 후반전을 살고 있다. 그동안 나의 인생을 정리해 보니 수많은 일들이 있었다. 그중에서 가장 기억에 남는 것이 있다면 내 인생에 '이스라엘'을 만난 것이다. 그나마 나는 부모를 잘 만나 90년대에 미국 유학을 갔고 젊은 나이에 큰 성공을 이루어 보기도 했다. 그러나 내 인생은 이스라엘을 만나기 전까지 글로벌하지 못했다.

그러나 이스라엘을 만나면서 나는 글로벌이 무엇인지 알게 되었다. 내가 만나는 이스라엘 VIP들이 세계를 움직이는 글로벌 리더이기 때문

▲한국의 스타트업 레전드 변대규 회장, 이스라엘의 스타트업 레전드 USB 개발자 도브 모란과 함께

이다. 한국에선 내 존재감이 별로 크지 않다. 왜냐하면 나는 평범한 한국 사람 중의 하나일 뿐이기 때문이다. 그러나 내가 이스라엘에 가면 단연 나는 이스라엘 사람들이 인정해 주는 글로벌 한국통으로 대접을 받는다.

이스라엘의 내로라 하는 글로벌 VIP들과 만나고 이메일을 직접 주고받고 토킹한다. 나는 서울대 총장은 모른다. 아니 내가 그 분을 만나려고 하면 하늘의 별 따기일 것이다. 우선 내가 서울대 총장을 만나려고 해도 그분을 만날 수 있는 방법도 모른다. 내가 만약 이메일로 서울대 총장을 만나고 싶다고 보내면 서울대 총장이 쓰는 개인 이메일 주소도 모를 뿐더러 설령 어떻게 알아내서 보낸다고 해도 밑에 계신 분들이 나의 이메일을 커트할 것이다.

그러나 나는 이스라엘의 세계적인 대학의 총장, 이사장, 노벨상 수상자 교수들과 글로벌 기업의 회장님과 아무 때나 만날 수 있고 토킹을 할 수 있다. 내가 직접 그분의 핸드폰에 전화 걸고 미팅을 잡을 수 있다. 비서나 기업의 임원들이 중간에 끼어 스케줄을 조정하는 것이 아니라 직접 그분들과 통화하고 이메일을 보내 약속 시간을 잡을 수 있다. 이것이 한국과 이스라엘의 다른 점이다.

한번은 이스라엘의 전설적인 스타트업 CEO '도브 모란'이 한국에 온 적이 있다. 내가 그를 하루종일 가이드해 준 적이 있다. 한국의 전설적인 스타트업 휴맥스의 변대규 회장님과 미팅도 잡아주고 회의를 한 적이 있었다. 그리고 도브가 나에게 삼성으로 가자고 하였다. 알고 보니 삼성의 이재용 부회장을 만나는 미팅이었다.

나는 삼성의 이재용 부회장을 만난 적이 없었다. 만약 이스라엘 같았으면 나는 그날 도브와 함께 이재용 부회장을 만나러 갔을 것이다. 그러나 한국은 엄청난 의전과 쓸데없는 허례허식과 권위의식이 있다. 금수저들은 촌티 나는 한국식의 문화에 젖어 나같은 사람은 감히 삼성의 이재용 부회장을 만날 수 없다. 그러나 나는 삼성의 이재용 부회장보다 더 유명하고 훌륭한 유대인 글로벌 리더를 언제든지 만날 수 있다.

한국에 노벨상이 하나라도 있는가? 이스라엘의 테크니온 공대에는 노벨상 수상자가 7명이나 된다. 나는 테크니온 총장과 언제든지 만날 수 있다. 이게 글로벌이다. 왜 한국에는 노벨상 수상자가 없을까? 글로벌하지 못하기 때문이다. 글로벌하지 못하다는 것은 우물 안 개구리라는 말이다. 이제 대기업의 성역도 무너졌다. 하지만 한국은 아직도 삼성 공화국이다.

삼성이 무너지면 한국이 무너진다는 국가적인 공식이 있다. 물론 엄청난 타격을 입을 것이다. 그러나 삼성이 무너진다고 한국이란 국가가

▲ 인텔에 본인의 스타트업을 M&A한 퓨처플레이의 류중희 대표, 도브 모란과 함께

무너진다면 이게 바로 미련한 국수주의고 말도 안 되는 거짓이다. 내 장담하는데 삼성이 무너져도 한국은 망하지 않는다. 만약 삼성이 무너져서 한국이 망한다면 그건 나라도 아니다.

이번에 세계적인 글로벌 M&A가 있었다. 미국의 글로벌 대기업 '인텔'이 이스라엘의 조그마한 스타트업 회사를 무려 17조 5600억 원이라는 천문학적 금액에 팔렸다. 상상이 가는가? 이 정도 금액이면 미국의 대기업 회사를 합병할 수 있는 금액이다. 이스라엘은 스타트업이 미국의 대기업을 합병할 수 있는 엄청난 금액을 받고 회사를 매각하는 나라이다.

이스라엘에서 스타트업을 하다 미국의 대기업에 수천 억을 받고 파는 회사는 셀 수도 없이 많다. 가뭄에 콩 나듯이 아주 가끔 있는 일이 아니다. 조 단위의 금액을 받고 파는 경우도 많다. 이스라엘은 애초부터 창업을 할 때 글로벌 마켓을 보고 스타트업을 한다.

이스라엘 창업의 힘은 '글로벌'에서 나온다. 1인 기업을 해도 이스라엘 창업은 글로벌 시장을 노크한다. 그래서 인구 900만의 아주 조그마한 나라가 전 세계의 리더들을 키우고 성장한다. 미국이란 나라를 보면 이스라엘의 축소판이다. 미국 대통령 트럼프의 사위가 유대인이다. 그는 그냥 트럼프 대통령의 사위가 아니라 백악관 선임고문의 자격으로 일하고 있다.

세계를 움직이는 것은 미국이란 껍데기이다. 그 안을 자세히 들여다보면 모두 유대인의 머리에서 나온다. 이것을 나는 유대인 네트워크의 힘이라고 말한다. 인구 900만의 이스라엘이 전 세계를 움직이는 미국의 숨은 실력자라는 사실은 삼척 동자도 다 안다. 그런데 내가 볼 때 한국만 이 사실을 애써 외면하고 있다. 아니 알면서도 어떻게 접근하는지 잘 모른다.

우리나라 속담에 "부자가 되기 위해서 부자랑 놀아야 한다."라는 말이 있다. 부자랑 놀아보아야 부자의 생각, 부자의 습관, 부자의 돈 버는 방법, 부자의 네트워크 등 부자가 될 수 있는 기본기와 테크닉을 배울 수 있기 때문이다. 내가 감히 말하는데 글로벌을 배우려면 유대인 네트워크를 알아야 한다. 유대인처럼 생각하고 유대인처럼 행동하고 유대인처럼 놀아야 한다.

창조는 카피에서부터 시작된다. 카피를 열심히 하다 보면 내 그림이 나오고 계속 반복을 해서 내 그림을 그리다 보면 창조가 나온다. 한국이 글로벌하게 인재를 키우고 기업을 육성하기 위해선 이스라엘을 배워야 한다. 수박 겉할기식의 카피가 아니라 진짜 글로벌한 유대인을 만나고 대화하고 사귀어야 한다. 나는 그동안 세계적인 유대인 지도자들을 만나 글로벌이 무엇인지 확실하게 배울 수 있었다.

내가 이스라엘의 글로벌한 리더들과 만나 내린 결론은 한국이 글로벌하지 못하면 앞으로 살아남지 못한다는 사실이다. 중국과 일본이 한국을 막고 있고 미국은 우리에게 자국의 이익을 위해 압박을 가한다. 우리는 어떻게 이러한 강대국의 틈바구니에서 살아남을 수 있을까? 방법은 오직 우리가 글로벌한 인재를 키우고 글로벌한 기업을 키워야 한다.

나는 이스라엘을 알면서부터 유대인들에게 그동안 이스라엘이 글로벌한 인재를 키우고 기업을 어떻게 육성하는지 내 눈으로 볼 수 있었다. 한국의 청년들을 데리고 가서 그들이 받는 글로벌 교육을 직접 사비를 들여 시켰다. 그리고 한국의 스타트업 리더들을 데리고 가서 이스라엘의 글로벌 VC 앞에서 IR를 하였다. 그리고 결국 점자 스마트 워치를 개발한 닷의 김주윤 대표를 키워냈다.

한국은 절대 위기 상황이다. 이제 한국은 목숨 걸고 혁신을 하지 않으면 남미의 전철을 밟을 수밖에 없다. 그렇게 잘 나가던 아르헨티나 같은 꼴을 당할 수밖에 없다. 오직 한국이 살 수 있는 길은 글로벌한 인재와 스타트업을 키우는 것이다. 국가의 모든 역량을 글로벌 인재 찾기와 육성에 목숨을 걸어야 한다. 국가가 안하면 나라도 할 것이다.

우리 합정동 '꾸머센터'에 오면 첫 번째 보이는 글귀가 있다. 영어로 써 있다. 왜 영어로 썼을까? 글로벌해야 되니까 영어로 썼다.

"HERE COMES THAT DREAMER."

이 슬로건은 내가 만든 것이 아니다. 성경의 창세기에 보면 나오는 구절이다. 요셉이라는 청년이 이스라엘을 구원시키는 미래의 이스라엘 지도자가 되기 전에 친형들에게 미움을 많이 받은 적이 있었다. 친형들이 아버지의 심부름을 받고 오는 요셉을 보고 비웃음을 지으면 자기들끼리 다가오는 그를 보고 놀리는 구절이다.

그러나 정확히 30년이 흐르고 나서 요셉의 친형들은 그토록 비웃었던 친동생 앞에서 무릎을 꿇고 목숨을 구걸하는 신세가 된다. 물론 요셉은 형들을 용서했다. 내가 여기서 말하고 싶은 것은 꿈꾸는 자는 꿈을 꾸지 못하고 살아가는 사람들에게 비웃음과 조롱을 당할 수 있다. 아니 천대와 멸시를 받을 수 있다. 그러나 세상은 꿈꾸는 자의 것이다.

꿈꾸는 자는 '글로벌'을 보고 꿈을 꾸고 이루기 위해 목숨 걸고 글로벌하게 살아간다. 이제 꿈을 꾸되 글로벌하게 꿈을 꾸자. 글로벌하면 한국이란 무대는 좁은 곳이다. 이제 책상에 앉아서 컴퓨터 한 대면 전 세계를 움직이는 파워를 가질 수 있다. 그런데 그렇게 되기 위해선 우리 한국의 청년들이 글로벌해야 하고 그렇게 되기 위해 치러야 할 댓가와 수고를 지불해야 한다.

나는 아직도 한국에 '희망'이 있다고 본다. 그러나 한국의 청년들이 글로벌하지 않으면 한국의 미래는 없다. 그래서 마지막 남은 나의 노하우를 한국의 청년들에게 전해주고 싶다. 그러나 이것도 한정된 자원에 극히 일부의 청년들만 받을 수 있는 혜택이다. 이 글을 보거나 글로벌한 꿈을 꾸고 있는 청년들은 합정동으로 오라. 나머지는 내가 채워주겠다.

꾸머,
합정동 언덕에 대관람차를 만들다

— ✡ —

영국 런던의 '런던 아이' 같은 대관람차를 합정동 한강언덕에 설치해 전 세계 관광객을 불러모으고 싶다. 나는 한강변에 위치한 합정동에 살고 있다. 나는 이 근처 연남동에 위치한 '경성고등학교'를 다녔다.

지금은 '연트럴 타운'이라고 불리는 곳으로 기차길이 레트로풍의 추억을 불러일으키고 있는 곳이다. 그때는 전두환 대통령이 통치하던 시절이었다. 군인들이 사방에 있어 민주화 투사들이 데모를 하던 시절이었다. 나는 이곳에서 고등학교를 2년간 다녔다. 꿈 많은 고등학교 1학년 시절 나는 학교가 끝나고 지금의 연남동 기찻길에서 친구들과 함께 놀았던 추억이 있다.

연남동, 홍대, 합정동은 내가 고등학교를 다니던 시절의 기억이 생생한 곳이다. 그런 곳에 2015년에 내가 정착을 하여 이곳에서 사업을 하고 있다. 이곳은 홍대를 중심으로 젊은이들이 가장 많이 모이는 곳이다. 하루에도 수만명의 청년들이 직장을 다니고 쇼핑을 하고 오락을 즐기는 곳이다. 이곳에 와서 청년들을 위한 창업공간을 만들었다. 내가 청년들에게 기성세대와 청년 세대들에게 가교 역할을 하고 싶었다. 그리고 2015년에 청년들을 중심으로 이곳에 '꾸머스페이스'를 만들었다. 꿈쟁이놀이터를 만들 때 나의 돈으로 만든 것이 아니다. 뜻있는 기업가들과 청년들이 도네이션을 하였고 나 역시 전 재산을 여기에 쏟아부었다.

그렇게 꾸머스페이스가 안정이 되가고 있을 때 합정동 동장으로 계셨던 김미숙 동장님이 내게 제안을 해 오셨다. 뜻있는 일에 동참을 해 보고 싶다고 하여 그분이 산 부동산에 또 다른 창업센터를 짓게 되었다. '꾸머 빌딩'이라 칭하고 그곳에서 창업을 하는 분들에게 새로운 창업 공간이 생겼다. 합정동에서는 건물을 내가 직접 건축하였다. 두 동의 건물을 건축해 보니 건축은 장난이 아니었다. 설계에서 기초작업, 전기, 설비 등 전문가의 수준에서 시작하여 작업현장에서 잔뼈가 굵은 분들과 협상을 하고 작업을 진행하는 것은 쉬운 일은 아니었다. 그래도 끈기를 갖고 그분들과 대립하기도 하며 모르는 것은 배워가며 건축을 하며 많은 것을 배웠다.

그 일이 끝나고 나니 '판교'에 경제과학진흥원에서 오퍼가 들어왔다. 미국과 이스라엘의 세 곳의 해외 액셀러레이터를 선정하여 한국의 스타트업을 해외로 진출시키는 곳을 뽑기로 하였다. 미국의 테크스타, 지노바, 이스라엘의 소가가 선정이 되었다. 나에게 이스라엘 소사를 한국에 진출시켜 해외 액셀러레이팅을 하는 업무를 할 것을 제안받았다. 그래서 나는 2019년 한 해를 이스라엘의 소사를 한국으로 불러 한국의 해외 스타트업을 해외로 진출시키는 일의 준비를 하였다. 어디 인생에서 쉬운 일이 있을까? 나는 이스라엘 민족의 끈기와 특유의 뻔뻔함을 안다. 지루한 비즈니스 협상을 1년간 하면서 여러 가지 교훈을 배우게 되었다.

수많은 우여곡절을 겪으며 2020년 1월 15일 판교 스타트업 캠퍼스에서 오픈식을 하였다. 수많은 귀빈 중에 박근혜 정부시절 중소기업청장을 지내신 한정화 청장님이 참석하여 축사를 해 주셨다. 나는 한정화 청장님이 계실 때 한국이스라엘기업협의회 사무총장으로 이스라엘의 창조경제를 한국에 소개하고 있었다. 그리고 6년이 지난 후 한국과 이스라엘의 기업이 만들어낸 '소사 코리아' 비즈니스 오픈식에 한정화 전 중소기업청장님에게 축사를 부탁하였다. 10년 가까운 짝사랑 국가였던 이스라엘의 소사를 한국에 소개하고 한국과 이스라엘의 스타트업 드림팀이 시작을 하는 귀중한 순간이었다. 한국과 이스라엘의 속도가 느리고 더딜지라도 포기하지 않고 일을 했더니 계속해서 좋은 결과물들을 만들 수 있었다.

그러나 소사 코리아를 오픈하자마자 '코로나'가 터졌다. 전 세계가 코로나 팬데믹에 빠져 헤어나오질 못했다. 6개월이면 끝날 줄 알았던 코로나가 지금까지 변이가 생겨 전 세계를 공포로 몰아가고 있다. 이것은 전 세계 그 누구도 예상하지 못한 최악의 결과였다. 나 역시 전혀 예견하지 못한 코로나 비상시국에 할 수 있는 것이 없었다. 왜냐하면 내가 아무리 잘해도 전 세계가 막혀있기 때문에 할 수 있는 것이 많지 않았다. 나 역시 고민해 보아도 뾰족한 대답이 없었다. 그래서 나는 늘 해 왔듯이 다음 세대 청년들을 향한 일들을 점검하고 계획하였다. 앞으로 미래의 청년들이 어떻게 먹고 살 수 있는지를 고민하기 시작했다. 왜냐하면 다음 세대의 청년들이 살아가는 시대는 우리와 달리 너무 빠르고 지속적으로 변신해야 하기 때문이다.

그러다 합정동에서 한강이 바라다 보이는 곳에 '꿈쟁이놀이터'를 만들게 되었다. 한강이 내려다 보이는 언덕에 들어선 5층짜리 건물은 그동안 합정동과 판교에서 경험한 컨텐츠들이 어우러지는 곳이 되었다. 한국이스라엘기업협의회, 꾸머스페이스, 플레이앤, 미래 사회IT연구소, 케이스페이스, 힐스카페 등 7개의 섹터로 나누어 컨텐츠가 완성되었다. 그동안 내가 혼자서 북 치고 장구 치는 원맨쇼와 가까웠다면 이제는 그동안 내가 가르쳤던 제자들이 각 회사의 대표를 맡아 회사를 발전시키는 형태로 진화했다.

그중에서 합정동 꿈쟁이놀이터에서 중점적으로 하고 있는 사업이 있다. 2,000평의 한강변 합정동 대지 위에 '대관람차'를 만드는 것이다. 런던 아이가 내가 생각하는 모델이다. 왜냐하면 런던에서 이미 비지니스가 검증된 모델이기 때문이다. '런던 아이'라고 불리는 모델은 런던에 420만의 관광객들을 불러모았고 그 주변에 1100여 개의 직업이 생겼으며 한 해 광고비만 350억이 넘는 수익모델을 만들었다. 나는 이곳에서 대관람차를 만들고 싶다. 왜냐하면 대관람차에서 나오는 수익으로 앞쪽으로 펼쳐진 1400평의 부지 위에 청년들을 위한 문화타운을 만들고 싶기 때문이다. 1층에는 젊은이들이 좋아하는 쇼핑타운을 만들 것이다. 다양한 먹거리와 볼거리가 있는 제2의 홍대 거리를 만드는 것이다.

그리고 2층에는 청년들의 창업공간으로 만들고 싶다. 특히 한국과 이스라엘의 청년들이 모인 드림팀이 활동하는 글로벌 창업공간으로 만들고 싶다. 이제까지 정부의 지원이나 기업의 지원 없이 뜻을 같이 하시는 분들과 제자 청년들이 함께 이 일을 해 오고 있다. 이곳에 한국과 이스라엘이 청년들이 모여 세계를 향한 놀라운 제2의 실리콘 밸리가 생기는 것이 불가능할까? 나는 그렇게 생각하지 않는다. 미래글로벌 사회는 IT로 대 변혁이 일어날 것이다. IT가 몰고 올 사회적 변화는 전 세계를 하나의 무대로 만들 것이다. 이제 그 무대가 미국과 유럽이 아닌 한국과 이스라엘이 주력이 될 것이다. 이것은 나의 꿈이 아니라 실현 가능한 일이다.

왜냐하면 전 세계를 통틀어 IT로 미래 사회 변화를 이끌 수 있는 능력을 가진 나라는 한국과 이스라엘뿐이다. 왜냐하면 한국과 이스라엘은 전 세계에서 디아스포라의 역사를 극복하고 발전하는 대표적 국가들이기 때문이다. 반도체, 통신, IT로 온 국민이 자동화 시스템이 되어 있는 국가이기 때문이다. 이스라엘은 주변 13억 아랍 국가가 적으로 둘러쌓여 있다. 13억 대 900만으로 13대 1의 전력으로 아랍 국가를 상대하는 나라이다. 그런데 13억 아랍 국가와 그동안 여러 번 전쟁을 하여 단 한 번도 패배한 적이 없다. 왜냐하면 이스라엘은 월등한 군사전력을 가지고 13대 1의 전쟁을 승리로 이끌기 때문이다. 이것이 이스라엘이 가지고 있는 핵심전력이자 중동 13억 국가가 이스라엘을 이길 수 없는 군사력이다.

우리 한국은 아직도 통일이 되지 못한 국가이다. 남과 북이 이념으로 대치가 되어 있는 국가이다. 다행히 대한민국은 민주주의 국가가 되어 눈부신 경제성장을 이루었다. 그러나 북한은 김일성 삼부자가 공산주의로 통치하여 배고프고 힘든 국가가 되었다. 그러나 북한은 핵무기로 무장하여 전쟁을 빌미로 세계의 공포를 조장하고 있다. 특히 대한민국을 겁박하여 경제원조를 압박하고 있다. 한국은 이웃나라 일본과 중국 사이에 끼여 있다. 만약 우리가 힘이 없다고 하면 중간에서 할 수 있는 일이 없다. 우리가 잘 할 수 있는 경제와 군사력이 뒷받침되지 않는다면 샌드위치 신세가 될 수 있다. 그렇기 때문에 한국과 이스라엘은 손을 잡아야 한다.

한국과 이스라엘의 공통점인 적대국과 대치하는 상황에서 한국의 제조 기술과 이스라엘의 첨단기술이 하나가 된다면 우리가 할 수 있는 일은 무궁무진하다. 이스라엘은 세계 최초의 기술을 많이 개발한다. 이스라엘이 개발한 첨단기술은 미국의 실리콘 밸리에서 상종가를 친다. 2,000달러로 시작된 스타트업 기술이 미국의 인텔사에 17조 5600억에 팔려나간 사례는 급조된 것이 아니다. 오랫동안 이스라엘의 스타트업 문화가 글로벌화되어 오래 전부터 미국과 유럽의 시장에서 진가를 발휘하고 있다. 우리는 이러한 이스라엘의 글로벌 기술과 네트워크를 활용해야 한다. 왜냐하면 이것을 한꺼번에 할 수 있는 것은 없다. 이런 경제적인 시스템과 조직을 만들기 위해서는 오랜 시간과 돈과 노력이 들어가는 것이다.

그러면 나는 이 허무맹랑한 꿈을 누구와 함께하고 있을까? 남들이 보기에 그림 같은 이야기이지만 나의 비전을 가치 있게 평가하며 함께 일을 도모하며 나아가는 분들이 있다. 신기하게 내 입으로 선포한 것들은 허풍이 아니라 미래의 현실이 되어가고 있다. 2015년에 합정동에 들어와 얘기하였던 것들은 모두 현실이 되었다. 그때 당시 모두가 나 보고 망할 것이라고 하였다. 가까운 지인조차 내게 곧 망할 것이라고 나를 멀리하였다. 그러나 나는 지금 2022년까지 안 망하고 내가 얘기하였던 비전들을 모두 이루고 있다.

혹자는 내게 새로운 사업들을 할 때 불안하다고 한다. 대기업이 신규사업을 하여도 성공할 확률이 10%가 되지 않는다고 한다. 대기업도 못하는 것을 네가 어떻게 할 수 있느냐고 한다. 맞는 말이다. 돈도 없고 빽도 없는 내가 신규사업을 하여 성공할 확률은 1%도 되지 않는다. 그러나 나는 하는 것마다 성공하였고 이제는 새로운 신규사업을 할 때마다 투자가 들어온다. 신뢰가 쌓이고 결과물을 보여주는 시스템이 되었고 내 주변에 투자가들이 자금을 준비하고 있기 때문이다. 코로나가 한창 기승을 부리고 있는 지금 최악의 시기에 어떻게 가장 잘 나갈 수 있을까? 그것은 외롭고 고독하지만 한 길을 걸었기 때문이다.

세상 사람들이 무어라고 하여도 내가 유일하게 '다음 세대 청년들'을 위하여 비지니스를 하였기 때문이다.

다음 세대 청년들이 아파하고 있다. 왜 그럴까? 희망의 사다리가 없기 때문이다. 우리 586세대들이 살았던 때는 고도성장의 시대였고 직업의 선택 폭이 넓었다. 그리고 열심히 노력하면 집을 장만하고 가정을 이루고 사는 것이 그리 어렵지 않다. 그러나 지금의 청년 세대들은 우리가 누렸던 희망의 사다리가 없어졌다. 서울의 웬만한 집들은 10억을 넘는다. 이미 서울의 부동산들은 청년들이 장만하기에는 난공불락의 성이 되어버렸다. 어떻게 할 것인가? 지금 나라를 운영하고 있는 한국의 586세대들이 청년 세대를 책임져야 한다. 말로만 그들에게 천 번을 넘어져야 어른이 될 수 있다는 구호 대신에 실질적인 희망의 사다리를 만들어 주어야 한다. 나는 오늘도 합정동에서, 남산에서, 강남에서, 판교로 이어지는 '꿈쟁이놀이터'에서 행복한 고민을 하고 있다.

꾸머,
이스라엘 주재 한국 대사가 되다

— ✡ —

앞에서 언급했듯이 한국과 이스라엘은 공통점이 많다. 외세의 침략 속에 끊임없이 고통을 당해 왔다. 주변 강대국의 위협 속에 항상 힘을 키우지 않으면 사라질 위험에 처해 있다. 자원이 풍부하지 않아 자립을 하려면 기술을 개발하지 않으면 안된다. 미래를 위하여 다음 세대 청년들을 키우지 않으면 양국의 미래는 없다. 이런 치명적인 약점을 가지고 있는 양국이지만 장점이 더 많다고 생각한다. 그것은 두 민족이 가지고 있는 '불굴의 의지'인 것이다. 어떠한 고난과 역경 속에도 한국과 이스라엘은 지금도 기술강국과 군사력으로 버티고 있다. 민족의 기질이 핍박을 받으면 받을수록 더욱 강해진다. 어떻게 이런 강점을 가지고 있는 것일까?

고난을 받을수록 민족이 강해진다. 왜 그럴까? 이스라엘은 BC 63년에 로마에 의하여 점령되었다. 로마가 이스라엘을 점령하고 나서 보니 이스라엘 민족은 국가를 그냥 놔 두면 독립이 될 때까지 로마를 괴롭힐 것 같아 이스라엘 민족을 전 세계로 강제이주할 것을 명령하였다. 하루 아침에 국가를 빼앗긴 것도 억울한데 민족이 전 세계로 흩어지는 치욕적인 수모를 당했다. 2,000년 동안 나라를 잃은 슬픔에 전 세계로 뿔뿔이 쫓겨나 유랑하는 민족이 되었다. 유대인의 잔혹한 역사는 여기에서 끝나지 않았다. 팔레스타인 민족을 강제로 이스라엘 땅에 이주시켜 유대인을 내쫓고 그 땅에 팔레스타인 민족들이 살게 하였다. 슬픈 비극의 역사가 유대인들에게 치명적인 아픔으로 다가갔다.

그렇게 흩어진 유대인들은 유럽에 가도, 미국에 가도, 아시아에 가도 전 세계에 흩어져 있는 유대인들을 보게 된다. 그런데 유대인들은 전 세계를 떠돌아다녀도 공통적으로 하는 일이 있다. 그것은 유대인들이 무리를 지어 모이는 곳인 '시나고그'라는 회당을 만든다. 전 세계 어디를 가든지 주말이면 유대인들은 '회당'에 모여 민족의 언어인 '히브리어'를 배운다. 히브리 문화와 전통적인 음식을 나누며 회당에서 민족의 정체성을 잃지 않고 유지하는 교육을 받는다. 2,000년 동안 나라가 없어도 전 세계에 있는 유대인 회당을 통하여 이스라엘 민족은 번성하였다. 이스라엘 역사와 문화를 잊지 않고 계승하여 발전시키는 교육을 한 번도 포기한 적이 없는 민족이다. 이렇게 회당에서 교육을 받은 유대인들인 전 세계 어디를 가도 주말이 되면 회당에 나가 유대인들이 이스라엘로 회귀하는 미래를 기도하고 살았다.

드디어 제2차 세계 대전이 일어나고 유럽의 나치스 독일이 영국을 침공하여 전쟁이 벌어졌다. 열세에 몰린 영국이 군수 물자 자금을 위하여 유대인들에게 손을 벌린다. 이때 유대인들은 영국의 처칠 수상과 협상을 한다. 영국에 자금을 밀어주고 전쟁이 끝나면 지금의 이스라엘 땅으로 돌이가 국가의 재건을 할 수 있도록 해 주겠다고 약속하고 문서에 사인을 하였다. 제2차 세계 대전이 연합군의 승리로 끝나자 영국은 유대인과 한 약속을 지키게 된다. 이스라엘 땅에 거주하고 있었던 팔레스타인 민족을 좇아내고 그곳에 이스라엘을 건국한다. 지구상의 지도에 이스라엘 민족이 사라진 지 2,000년만에 팔레스타인 민족이 2,000년 동안 살았던 땅을 원래의 주인인 이스라엘에게 돌려준다.

두 민족이 한 땅에 서로 다른 시기에 살고 있었다. 2,000년 전에는 이스라엘 민족이 살고 있었고 2,000년 동안은 팔레스타인 민족이 살았다. 두 민족이 서로 자기가 살았던 땅이라고 우긴다. 객관적으로 이야기하면 서로 틀린 이야기가 아니다. 왜냐하면 2,000전에는 수 천년 동안에 이스라엘 민족이 거주를 하였고 로마가 이스라엘을 점령한 후에는 이스라엘 민족을 내좇고 그 땅에 팔레스타인 민족을 강제로 이주시켜 2,000년 동안 살았기 때문에 두 민족이 자기 땅이라고 말하는 것이 틀리지는 않는다. 이렇게 두 민족이 평행선을 달리게 되는 까닭은 두 민족의 시조가 다르기 때문이다.

즉, 조상의 아버지는 같은데 아들의 장자 계보가 달라 서로 원수 같이 싸우고 있다. 쉽게 해결될 문제가 아니다. 수 천년 동안 원수 같이 싸운 사이인데 쉽게 해결이 난다면 그건 거짓말이다. 그래도 요즘 서로 얼굴을 맞대고 함께 대화를 나눈다고 하니 무언가 서로 대화를 통해 해결의 실마리가 풀릴지도 모르겠다. 그래서 중동의 화약고로 불리는 예루살렘이 평안하기를 바란다. 이스라엘과 아랍의 치열한 갈등이 풀린다면 세계 평화에 이바지하고 전쟁의 위험이 사라지게 되니 그야말로 일석이조의 효과가 날 것이다.

제가 이스라엘 대사가 되고 싶은 이유가 여기에 있다. 먼저 양국의 사이가 좋아야 세계 경제가 발전하기 때문이다. 일찍이 이스라엘이 전 세계에 흩어져서 쌓아놓은 인프라와 원격통신과 글로벌 네트워크는 세계 어느 나라도 따라갈 수 없다. 그리고 전 세계 경제의 최초이자 최고 기술은 이스라엘이 많이 가지고 있다. 반면에 이스라엘은 제조 기술이 없다. 세계 최초의 기술이 있지만 이것은 온전히 제조업으로 연결이 되는 것이 아니라 글로벌 누구에게나 팔아먹는 기술이다. 양국이 가지고 있는 기술과 제조의 영역이 합쳐져 시너지 효과를 누린다면 세계 최고의 드림 국가가 될 것이다. 서로 협력하여 세계 경제에 이바지하고 양국의 번영에 지대한 도움이 될 것이다.

그런데 양국의 교역량이나 정치적인 역량이 양국을 하나로 묶는 데 여전히 적은 영향력을 가지고 있다. 하루에 중국과 한국의 비행기가 800대 이상이 양국을 오가는 교류 속에 한중 수교 이래로 최고의 무역량과 교역량이 발생하였다. 한국과 이스라엘은 서로 역량을 발휘하여 더 많은 교류와 기술 협력을 해야 한다. 그러기 위하여 한국과 이스라엘은 가교를 만들어 그 위에 정치, 경제, 문화, 예술을 통합하여 양국이 활발하게 움직여야 한다. 정기적인 양국의 대통령과 교류가 있어야 한다. 장관과 국회의원을 비롯한 정치인들의 이해와 상호협력이 있어야 한다. 더 밀접하게 한국과 이스라엘의 국민들이 서로 방문하고 네트워크를 통하여 양국의 발전을 도모해야 한다.

이것을 이루기 위하여 양국의 문화, 예술, 역사, 정치, 경제에 밝은 전문가가 양국의 브릿지를 만들어야 한다. 한국에는 종교적으로 이스라엘 전문가가 많이 있다. 관광을 중심으로 양국은 이미 활발하게 교류를 하고 있다. 그러나 정치와 경제의 교류가 있어야 양국의 발전이 더욱 의미 있는 사이가 될 것이다. 이스라엘의 기술과 글로벌 네트워크가 한국의 제조와 유통으로 한 팀이 될 때 두 나라는 엄청난 영향력을 발휘할 수 있다. 어느 하나만 잘해서는 더 큰 시너지 효과를 발휘할 수 없다. 그래서 저 같이 일편단심 이스라엘을 향한 사랑을 품은 전문가가 양국의 사이를 조율하며 외교적으로 양국의 발전을 위하여 사심 없이 뛰어야 한다.

이스라엘의 젊은이들은 모두 군대를 간다. 이스라엘의 청년들은 군대에서 삶과 죽음 사이에 놓이게 되고 인생의 고민이 깊어진다. 그리고 이스라엘의 청년들은 군대를 갔다 와서 대학을 진학한다. 한국처럼 고등학교를 졸업하고 바로 대학에 가는 것이 아니라 어느 정도 사회경험을 하고 진학을 한다. 그래서 이스라엘 청년들은 군대에서 모든 것을 배우고 경험하게 된다. 이스라엘 군대는 청년들에게 군사훈련만 강요하는 것이 아니라 인생의 기초를 닦는 좋은 학교이다. 이스라엘 청년들은 남녀 모두 군대를 가기에 군대 자체가 인생의 학교요, 경험장이 된다. 이곳에서 이스라엘 청년들은 희노애락을 배우고 인생의 미래를 설계한다.

그리고 이스라엘 군대는 창업의 요람이다. 군대 동기들끼리 서로 팀을 만들어 창업을 한다. 이스라엘 군대는 창업을 할 수 있는 좋은 곳이다. 군대의 주특기가 창업을 하는 도구로 영향을 많이 끼친다. 이스라엘 군대중 Unit 820 부대는 전문적으로 해킹만 한다. 그래서 전 세계 어느 나라든 이 부대가 해킹을 하면 뚫리지 않는 부대나 회사가 없을 정도이다. 이 부대원들이 나와서 창업을 한 회사가 글로벌 넘버원 보안회사 Argus이다. 한국의 삼성도 이 회사에 투자를 하고 있다. 이처럼 이스라엘 청년들은 군대에 가서 머리를 썩이고 오는 것이 아니라 창업을 배우고 함께 일할 사람을 만나게 된다.

이처럼 이스라엘은 900만의 인구를 가지고 전 세계를 리드하고 있다. 이스라엘만이 가지고 있는 엄청난 장점과 기술력이 있다. 그러나 한국은 아직까지 이스라엘이 가지고 있는 영향력을 잘 모른다. 그만큼 한국에는 이스라엘이 소개가 되지 않아서 양국의 발전 시너지에 대한 것이 무지하다. 저는 한국과 이스라엘을 잇는 대사가 되어서 정치, 경제, 문화, 예술, 역사에 이르기까지 양국이 발전할 수 있는 기초와 브릿지를 만들어 볼 것이다. 이스라엘의 전문가가 나서서 양국이 가장 친한 국가가 될 수 있도록 그동안 제가 이스라엘을 통하여 배운 지식과 네트워크를 통하여 이바지하고 싶다.

제가 처음 이스라엘을 방문하고 경험하였을 때 첫인상이 눈에 선하다.

샬롬이라는 인사로 나그네를 영접하는 나라이다. 마치 한국이 아침 문안인사로 "밤새 안녕하셨습니까?"라고 말씀하는 것처럼 단순한 인사 한마디에도 역사와 문화가 담겨져 있는 공통점이 있다. 이스라엘 성벽에 가면 이슬람의 황금 돔 사원이 눈에 들어온다. 선과 악이 공존하는 것처럼 보이지만 그 안에 오묘한 진리가 숨어 있다. 저의 이스라엘을 향한 선한 영향력은 다음 세대인 청년들에게 있다. 한국과 이스라엘의 청년 세대들이 하나가 되어 글로벌 기술과 네트워크로 세계를 향한 도전과 열정으로 또 하나의 새로운 역사와 문화를 창조해 내고 싶다.

저의 인생 후반전이 한국과 이스라엘의 초석이 되었으면 좋겠다. 저의 이스라엘 VIP 네트워크가 양국의 다리를 놓는 교두보가 되기를 희망한다. 이것은 하나님이 우리에게 주신 한 치의 오차도 없으신 인도하심이다. 하나님이 한국과 이스라엘을 향한 정치, 경제, 문화, 예술, 역사를 통하여 양국이 새로운 길을 걸어야 한다. 두 나라의 시너지가 세계 경제의 이정표가 될 것이다. 저의 작은 소망이 한국과 이스라엘이 하나가 되어 영향력있는 관계로 발전을 한다면 저는 양국의 문지기로 살아도 여한이 없다. 그래서 저는 매일 같이 그 날을 꿈꾸며 살아가고 있다. 제가 이스라엘의 대사가 되기 위하여서는 외교관이 되어야 한다.

그러나 저는 외교부 소속 관리가 아니라 정식으로 된 외교관이 될 수 없다. 그러나 외교관으로 '특임대사'라는 제도가 있다. 그 나라의 전문가나 정치, 경제, 예술, 문화에 정통한 사람이 양국의 발전을 위해 전문가를 추천하여 대사가 될 수 있다. 저에게 만약 그 소임이 주어진다면 최선을 다해 양국의 무궁한 발전과 관계를 위하여 나의 남은 인생 후반전을 올인할 생각이다. 꿈꾸는 자만이 할 수 있는 것이다.

만약 내가 대사가 안 되더라도 이스라엘을 향한 저의 열정을 멈출 수 없다. 나는 꿈쟁이다. 60이 넘어도 하나님이 제게 주신 꿈을 향하여 살아갈 것이다. 꿈쟁이는 꿈을 꿀 때 가장 행복하다. 오늘도 꿈꾸는 자가 되어 한국과 이스라엘의 행복한 브릿지가 되겠다.

꿈쟁이놀이터의
꿈

--- ✡ ---

지난 10년의 시간을 돌아보며 꿈쟁이놀이터의 향후 10년에 대한 그림을 그리기 시작했다. 이스라엘의 창업, 경제, 정치, 문화 각 분야의 VVIP들과의 인연을 시작으로 양국의 가교 역할을 하기 위한 포럼과 컨퍼런스를 수 차례 열었다. 양국의 창업가와 투자자, 창업가의 성장을 돕는 지원 시스템과 조직 간의 교류를 위한 수 차례의 이스라엘 방문과 초청, 국내 스타트업과 기업인들이 이스라엘을 교두보로 글로벌 시장까지 진출을 돕기 위한 다수의 프로젝트를 진행해 왔다. 그 결과 다음 세대 글로벌 청년 창업가를 키우기 위한 공간을 조성하고, 다음 그림을 함께 그려 갈 드림팀을 만들 수 있었다. 이제 우리에게 남은 과제는 지난 10년의 수고로 만든 초석을 기반으로 꿈쟁이놀이터의 궁극적인 비전과 가치를 어떻게 실현할 것인지 더 구체적으로 풀어가야 한다는 것이다.

첫 번째 – 다음 세대 청년들을 위한 꿈쟁이놀이터

이스라엘과의 특별한 인연을 통해 시작된 한국이스라엘기업협의회(KIBC)부터 꿈쟁이놀이터의 첫 번째 그림을 완성하기까지 약 10년의 시간이 흘렀다. 수많은 우여곡절과 좌절과 실패를 동반하며 쌓아온 작은 성공들을 통해 꿈쟁이놀이터의 비전과 철학을 세울 수 있었다. 성서, 창세기에 나오는 요셉의 이야기를 모티브로 꿈꾸는 자들을 비웃는 형들의 속삭임 'Here Comes that Dreamer'는 꿈쟁이놀이터의 슬로건이자 모토가 되었다. 그 모토 위에 우리는 '더 나은 세상을 꿈꾸는 사람들이 함께 연대하고 성장하며 비즈니스를 통해 세상에 선한 영향력을 만들어 가는 것을 돕는 것'을 우리의 사명으로 삼았다. 불가능해 보이는 미래를 현실로 만들기 위해 고군분투하는 청년들, 공정한 기회를 얻지 못하고 어려움 속에서 좌절하는 청년들, 그리고 내가 속한 세상을 조금이라도 더 나은 곳으로 만들기 위해 진정성 있는 꿈을 살아가는 청년들을 돕는 것이 우리의 역할이다.

나의 역경과 고난 속에서 지지와 격려를 해 주는 수많은 동역자들이 있었다. 그럼에도 뜻을 세우고 조직을 꾸려 사업을 펼쳐나가는 모든 일은 리더인 나의 몫이었다. 모두가 안 될 거라고 이야기했던 힘든 여정을 버티게 해 준 것은 사명감이었다. 역경을 뚫고 나가며 불가능한 일들을 현실로 만드는 것은 확실한 나의 강점이었다. 그렇지만 모든 프로젝트와 사업의 하나부터 열까지 모든 것을 다 잘해 내는 것은 불가능에 가까웠다. 빠르게 변해 가는 비즈니스 환경을 파악하며 새로운 기회를 찾는 것, 청년 세대의 문화적 감성을 이해하면서 팀워크를 만들어 가는 것, 체계적인 전략과 시스템을 구축하여 사람을 키우고 비즈니스를 성장시키는 것 등 헤쳐나가야 하는 수많은 일을 쌓아두고 계속해서 비전을 향해 나아가는 것은 혼자서 할 수 없는 일이다. 사업을 처음 시작할 때의 마음과 열정은 그대로이지만, 속일 수 없는 육체적 나이의 한계를 경험하는 것 또한 피할 수 없는 진실이었다. 다음 세대 청년들의 꿈이 실현되는 꿈쟁이놀이터를 더 많은 청년들이 누릴 수 있는 곳으로 업그레이드하기 위해서는 필연적으로 더 강력한 팀이 필요하다고 생각했다.

지난 10년 나에게 남은 가장 큰 자산은 비즈니스 파트너도, 화려한 공간도, 사업의 레퍼런스와 성과도 아니었다. 나의 꿈과 비전, 철학과 가치를 이해하고 공감할 수 있는, 처음 만날 때는 앳된 사회 초년생이었지만 어느덧 함께 나이를 먹어 각 분야에서 한 사람 이상의 역할을 톡톡히 해 내고 있는 멋지고 존경스러운 제자들이야 말로 나의 여정의 끝에 남은 최고의 선물이자 자산이었다. 그들 중에서도 꿈쟁이놀이터의 비전과 글로벌 창업 생태계에 대한 이해도가 가장 높고 꿈쟁이놀이터의 다음 그림을 함께 그려갈 수 있는 제자들을 불러 모으기 시작했다. 때로는 가까이에서 또 때로는 조금 멀리서 각자의 길을 걸으며 응원하고 격려하던 관계가 이제는 부하 직원이 아닌, 각 분야의 전문가로서 다시 하나의 꿈을 향해 마음과 뜻을 모으고 새로운 여정을 함께 준비하는 파트너가 되었다. 지난 시간 이스라엘 땅을 바라보고 한국의 다음 시대를 걱정하는 마음으로 함께 기도하며 마음을 나눴던 젊은 제자들이 이제는 창업가로, 전문 분야의 컨설턴트로, 또 너무나 멋진 아티스트로 성장해 있었다. 누군가는 데이터 분석과 IT 분야에서 저명한 인재가 되어 있었고, 누군가는 ESG와 사회혁신 분야의 다양한 기업과 조직에서 러브콜을 받는 인재가 되어 있었다. 또 자신만의 철학과 관점을 기반으로 콘텐츠를 제작하고 세상을 바꾸기 위해 앞장서서 싸우는 예술가로, 눈에 띄지 않지만 맡은 분야에서 묵묵하게 누구보다 성실하게 자신만의 확실한 영역을 만들어 가는 전문가로 성장해 있었다. 꿈쟁이놀이터의 다음 10년의 그림은 내가 그리는 것이 아니라, 현 시대의 경제와 정치와 기술, 사람들의 문화와 트렌드를 더 잘 이해하고 더 똑똑하고 더 능력 있는 그들이 그리는 것이 맞다고 생각한다.

꿈쟁이놀이터의 다음 10년의 그림에서 나의 역할은 다음 세대 청년 창업가를 돕기 위한 비전을 공유하고, 청년들의 세대에서 닿기 어려운 수많은 네트워크와 인프라를 지원해 주고 그들이 마음껏 꿈을 펼칠 수 있는 시간과 공간을 마련해 주는 것이다. 나의 시대, 나의 문화, 나의 경영철학과 시스템을 고집하는 것이 아니라, 다음 세대 청년들의 관점과 실력을 믿고, 그들이 더 나은 꿈쟁이놀이터를 만들어 갈 것이라는 확신 아래 그들을 확실하게 서포트하는 것이 바로 나를 포함한 기성세대의 역할이라고 생각한다. 수많은 조직과 기업은 여전히 과거의 영광과 성공에서 벗어나지 못한 꼰대 CEO가 모든 지휘권을 가지고 조직의 작은 영역 하나까지 간섭하고 결정하려고 한다. 우리 세대보다 충분히 더 높은 수준의 교육을 받고, 사회 변화와 트렌드의 중심에서 현장을 경험하고, 미래 세대를 바라보는 관점에 대해서 더 지혜로운 대처를 할 수 있는 그들을 믿고 지원해야 한다. 인생을 조금 더 먼저 살고 오래 산 기성세대는 청년 세대가 나아가는 길 위에서 혹시나 보지 못하고 있는 것들에 대해 가르치는 것이 아니라 조심스럽게 조언하고, 그들의 실패를 지켜봐 주고 기다려 주고 격려해 줘야 한다. '요즘 젊은 사람들은 이래서 안돼'가 아니라 '요즘 젊은 사람들이기 때문에 이렇게 할 수 있구나!'라는 지점을 발견해야 한다. 꼰대력을 기반으로 하는 권위와 가르치려는 자세가 아니라, 기다림과 지원, 그리고 먼저 나서서 더 배우려고 하는 자세, 그리고 조직이 장기적인 방향으로 나아가기 위해 잃지 말아야 하는 가치와 철학을 심어주는 것이야 말로 기성세대에게 남아있어야 하는 본질일 것이다. 2030 청년들을 향한 똑같은 조언도 50대인 대표가 하는 것과 같은 비전과 철학을 공유하는 동일한 세대가 할 때 더 큰 영향력을 발휘할 것이다.

더 많은 청년들이 꿈쟁이놀이터에서 뛰어놀 수 있도록 그들의 문화적 감성과 현 시대를 이해하는 세계관을 바탕으로 꿈쟁이놀이터의 다음 10년의 그림을 그려가고 있다. 우리의 비전은 여전히 다음 세대 청년 창업가를 양성하는 것, 한국과 이스라엘의 가교 역할을 통해 한국의 창업 생태계 성장에 기여하는 것이 핵심이다. 비전을 실현하는 방식과 키워드가 이제는 달라졌다. 4차 산업혁명의 핵심 기술 키워드로 등장하는 수많은 영역 중에서도 우리는 웹 3.0에 집중한다. 블록체인이라는 말도 안 되는 것 같은 기술을 지난 10년간 붙들고 있었던 사람들이 전 세계 자본 시장에서 말도 안 되는 규모의 점유율을 차지하고 디지털 전환을 통해 문화를 바꾸고 주도해 나가고 있다. 그리고 그 중심에는 코인과 NFT, DAO와 DiFi 등의 새로운 기술과 키워드가 등장하고 있다. 꿈쟁이놀이터의 첫 번째 자회사이자 Tech & Trend를 기반으로 창업, 경제, 정치, 사회, 교육, 문화 등 다양한 분야에서 씽크 탱크 역할을 수행하는 미래 사회IT연구소(Future IT & Society, FITS)는 웹 2.0에서 3.0으로 진화하는 인터넷 환경 속에서 아직은 미지의 영역이 많이 남아있는 다양한 아이디어를 토대로 몽상과 실험을 한다. 기업과 공공기관, 스타트업과 창업자들과 협력하여 다가올 미래, 이미 다가온 미래에서 우리가 가져야 하는 자세와 태도, 기술을 접목한 비즈니스 환경 구축과 지속가능한 먹거리 발굴을 위해 고군분투하고 있다. 컨설팅 프로젝트를 통해, 또 때로는 창업교육과 세미나를 통해 창업가를 포함한 미래 사회에 대한 막연한 불안감이 있는 사람들에게 새로운 관점과 솔루션을 제시한다.

꿈쟁이놀이터의 공간 사업 또한 변해가고 있다. 휴식과 감성으로 무장한 멋진 공간에서 쉼을 제공하는 합정동의 카페와 남산의 레스토랑은 단순 F&B 사업을 넘어 창업가를 위한 비즈니스 커뮤니티 공간으로 그 개념을 확장해 나간다. F&B와 Food Tech 분야의 리더로 성장 하고자 하는 구성원들의 합류로 멋진 공간과 맛있는 음식 이상의 경험과 가치를 제공하는 공간 비지니스로 우리만의 영역을 만들어 가고 있다.

다음 10년 먹거리를 고민하며 청년들의 꿈을 펼칠 수 있는 꿈쟁이놀이터 2.0의 그림을 함께 만들어 가는 드림팀을 구성하고 기동력을 갖추었지만, 현실적으로 여전히 함께 풀어가야 하는 문제가 많은 것 또한 사실이다. 서로 전혀 다른 영역과 문화에서 일하던 사람들이 한데 모여 새로운 꿈을 같이 꾸고 실행하는 과정에는 반드시 새로운 시행착오가 기다리고 있다. 큰 뜻은 같지만 세부적인 영역에서 철학과 문화를 맞춰가는 일, 서로가 생각하는 일의 결과 속도를 같은 관점으로 바라보는 훈련, 각자의 영역과 스타일을 배려하면서도 실질적인 퍼포먼스를 만들어 낼 수 있는 이상적인 조직문화 시스템을 갖추는 일 등 수많은 과제가 남아 있다. 그럼에도 우리는 쉽지 않은 길을 다시 한 번 선택했다. 그 길이 곧 다음 그림을 그려 나감에 있어서 새로운 관점과 경쟁력을 만들어 낼 수 있는 유일한 방법이고, 건강한 갈등과 다툼 속에서 서로를 깊이 이해하고 함께 더 큰 그림을 그려 나갈 수 있는 진짜 드림팀을 만들기 위한 정공법이기 때문이다. 이런 과정 또한 미래의 꿈쟁이놀이터에서는 웃으면서 이야기할 수 있는 우리만의 역사와 스토리가 될 것이고, 이것이야 말로 청년들의 성장을 돕고 지원하고 협력하는 최고의 방법이라고 생각한다.

우리는 그렇게 다음 세대 청년 창업가들이 마음껏 꿈꾸며 실패를 인정받고 시행착오를 통해 성장할 수 있는 진짜 꿈꾸는 사람들의 놀이터를 만들어갈 것이다. 웹 3.0과 ESG, 디지털 전환과 메타버스 등 모두가 이야기하는 비즈니스 트렌드를 똑같이 말로만 늘어놓는 것이 아니라, 어려움과 역경 속에서도 서로를 신뢰하고 의지하는 단단한 커뮤니티이자, 함께 꿈과 비전을 만들어 가는 공동체가 되어가고 있다. 꿈쟁이놀이터의 회의와 업무 시간은 누군가가 보았을 때 비효율적이라고 생각할 수 있는 요소들이 많이 포함되어 있다. 각 구성원이 어떻게 일을 더 잘 할 수 있도록 환경과 문화를 구축할지에 대한 고민에서 그치는 것이 아니라, 각자가 개인의 비전과 가치를 기반으로 우리 공동체와 조직 안에서 어떤 꿈을 그리고 어떻게 성장할 것인지에 대한 관심도가 다른 조직에 비해서 매우 높다. 자연스럽게 살아가는 이야기, 연애하고 결혼하고 육아하는 이야기, 행복한 가정생활을 유지하면서 창업과 꿈을 달성할 수 있는 이야기, 그리고 막연하고 모호하더라도 누구든지 자유롭게 자신의 꿈과 비전을 이야기하고 나눌 수 있는 분위기를 중요하게 생각한다. 우리 시대와 달리 현 시대 청년들의 문화 안에서는 꿈과 비전을 이야기하고 달성하기 어려운 이상을 이야기하는 것 자체가 조금은 이상하게 보여질 수 있는 부분이 있다. 우리는 지극히 현실적이고, 극단적으로 현실적인 MZ세대의 문화 안에서, 또 그들 중에서도 꿈을 이야기하고 그 꿈을 현실로 만들어 가는 청년들과 함께하고 싶다.

두 번째 - 대한민국의 글로벌 청년 창업 허브

대한민국은 박근혜 정권에서 시작한 창조경제를 시작으로 현재는 중소벤처기업부를 중심으로 하는 국가 차원의 창업 생태계 활성화를 위한 탄탄한 전략을 기반으로 수많은 지원사업이 청년 창업가들을 지원하고 있다. 공공기관과 지자체, 대기업까지 저마다의 창업 지원을 위한 프로젝트를 최소 한두 가지씩은 모두 가지고 있다고 해도 과언이 아닐 만큼 대한민국은 스타트업 붐이 이미 한 차례 이상 전국을 휩쓸고 지나갔다. 이제는 지난 10년의 창업 지원에 대한 공공예산 투입의 현실적인 성과와 다음 로드맵에 대해서 수많은 관계자들이 관심을 가지고 머리를 맞대고 있다.

창업가들을 지원하기 위한 각종 교육과 인큐베이팅, 민관 협력을 통해 이뤄지는 글로벌 무대에서도 매우 높은 수준의 프로그램으로 인정받는 TIPS(Tech Incubator Program for Startup) 등 대한민국은 이미 창업 선진국이다. 중소벤처기업부는 이미 대한민국 창업 생태계 활성화와 고도화를 위한 10년치 계획을 발표하기도 했으며, 국내 유니콘 기업 또한 이전과 달리 심심치 않게 등장하는 기사를 찾는 것 또한 어렵지 않다.

정부나 대기업 규모의 자금과 인프라 없이 상대적으로 작은 규모로 청년 창업가를 키울 수 있는 조직은 분명한 한계가 있고, 특히 지속가능한 현금 흐름을 안정적으로 확보할 수 있는 모델을 갖추지 않고서는 청년들의 창업을 지원하는 것은 돈을 버는 일이 아니라 돈을 쓰는 일에 가깝다고 볼 수 있다. 그렇기 때문에 공공에서 천문학적인 규모의 예산이 투입되고 있는 것이며, 기업 또한 사회공헌(CSR) 사업의 일부로 창업을 지원하거나, 기업 내부의 혁신과 연결시키기 위한 오픈 이노베이션(Open Innovation)이라는 키워드 또한 이미 한 차례 전국을 휩쓸고 지나갔다.

첫 번째 창조경제 혁신센터가 설립되던 시점부터 지금까지 지난 10년간 창업가를 양성하는 창업지원 영역에서 버티고 사람과 기업을 키워오면서 느낀 것은 창업가를 키우는 일은 너무나 막대한 시간과 에너지와 자금이 들어가는 일이며, 그 성과를 보는 것은 인내가 필요한 일이다.

그럼에도 이 일을 지속해 올 수 있었던 것은 사명감으로 인한 진정성에 있다. 글로벌 청년 창업학교(Global Youth Start-up, GYS)라는 이름으로 꾸준히 청년 창업가들의 성장을 돕기 위한 커뮤니티를 유지해왔지만, 상황이 여의치 않아 활동을 쉬어가야 하는 시점에도 개인적인 관계를 통해 청년 창업가, 제자들의 어려움을 해결하기 위해 돕는 일은 개인적인 차원에서도 멈추지 않았다.

그렇게 유지되어 온 관계가 있었기에 꿈쟁이놀이터의 비전과 철학에 동의하고 공감하는 수많은 청년 창업가 제자들을 양성할 수 있었다. 엔젤 투자자의 관점으로 초기 창업팀에 대한 자금 투자와 지원도 여러 차례 있었지만, 그 이상으로 그들을 버틸 수 있게 하고 실패해도 다시 도전할 수 있도록 해 준 것은 사람 대 사람으로, 스승과 제자로 그들의 꿈과 비전을 진심으로 응원하고 격려해 주었던 관계의 진정성에 있었다.

원래 창업은 첫 번째 도전으로 단 번에 성공하는 경우가 드물다. 그 사실을 알면서도 그들을 지원하고 후원하고 투자한다. 그 경험과 기회가 씨앗이 되어서 글로벌 청년 창업가로 성장할 수 있는 잠재력이 발현되고, 실패를 토대로 탄탄한 기본기와 관점을 가진 창업가, 비즈니스 현장을 이해하는 기업가로 성장할 수 있는 것이다.

커뮤니티와 창업교육, 투자와 컨설팅으로 청년 창업가를 길러오던 방식에서 이제는 더 본격적으로 분야마다 비즈니스를 이끌어 갈 수 있는 청년 CEO를 양성하기 위한 전문화된 프로그램, 각 영역마다 CEO를 도울 수 있는 초기 멤버로서 역량과 관점을 갖춘 사람을 발굴하고 길러내기 위한 우리만의 시스템을 만들어 가고 있다.

꿈쟁이놀이터의 다양한 구성원은 역할과 기능에 따라 몇 가지 레이어(Layer)로 구분할 수 있다. 첫 번째 레이어는 자신의 가치와 철학을 기반으로 스타트업을 시작하는 '청년 창업가(CEO)'이다. 그들은 자신만의 관점을 기반으로 시장과 고객에 대한 가설을 세우고 비전에 동의하는 는 팀원들을 모아서 팀을 꾸린다.

두 번째 레이어는 CEO를 바로 옆에서 돕고 현장에서 함께 협력하는 팀메이트(Teammate)이다. CEO 한 사람이 감당하기 어려운 초기 창업팀의 수많은 과업과 과제를 함께 담당하며, 특정 분야의 전문성이 부족하더라도 동일한 비전 아래 기업을 실질적으로 일으키고 성장시키는 주역들이다.

세 번째 레이어는 빌더(Builder)이다. 이들은 특정 분야에서 10년 이상의 경험을 기반으로 창업팀이 성장 과정에서 만나는 여러 문제를 극복하고 해결할 수 있도록 지원하는 실무를 뒷받침해 주는 전문가 그룹이다.

네 번째 그룹인 멘토(Mentor)들은 창업가들보다 비즈니스 자체에 대해 더 풍부하고 깊은 경험을 가지고 있는 선배 창업가들이다. 창업팀의 질적, 양적 성장을 돕기 위한 멘토링과 판로 개척, 네트워크 및 인프라 등을 지원해 주는 역할을 한다.

마지막 다섯 번째는 커뮤니티 멤버(Community Member)로, 꿈쟁이놀이터의 다양한 프로그램과 프로젝트에 연결되어 있는 모든 사람들이다. 그들은 언제든 꿈쟁이놀이터의 중심으로 들어와 창업을 하거나 창업가를 돕거나, 전문가로 함께 활동할 수 있도록 준비하고 있는 느슨한 네트워크 안에서의 구성원들이다.

꿈쟁이놀이터는 청년 창업가를 돕기 위한 다양한 인력 풀과 네트워크를 기반으로 그들의 성장을 직간접적으로 지원한다. 청년 창업가를 위한 공간 사업 또한 다양한 형태로 변화하고 있다. 청년 창업 인큐베이팅 센터로 시작된 합정동 꾸머스페이스는 청년 스타트업을 위한 독립 오피스를 갖춘 인큐베이팅 센터, 쉼과 휴식을 제공하는 카페와 옥상 테라스, 지역 주민과 청년 창업가를 위한 갤러리 겸 커뮤니티 공간 등으로 기능과 영역이 확장되고 있다.

판교 스타트업캠퍼스에 위치한 SOSA Korea와 합정동에 새롭게 세운 꿈쟁이놀이터, 이탈리안 레스토랑을 메인 콘텐츠로 남산에 자리잡은 더힐스남산 또한 그 기능과 역할이 다양해지고 있다. 국내 최고 작가들의 작품을 감상할 수 있는 갤러리 오피스, 레스토랑과 카페를 겸하고 있는 청년 비즈니스 라운지, 누구나 방문하고 함께 일할 수 있는 코워킹 스페이스와 꾸머 도서관 등 우리가 운영하고 있는 공간의 종류와 개수만 10가지가 되어간다.

꿈쟁이놀이터가 운영하는 모든 공간은 그 목적이 업무이든, 쉼이든, 비즈니스 미팅과 네트워킹이든 또는 교육과 세미나이든 가장 중요한 1차 타겟은 언제나 청년 창업가이다. 그들이 기성 세대 기업인들, 지역 주민들, 분야별 전문가와 투자자들과 어우러질 수 있고 삶을 이어 갈 수 있는 다양한 요소를 담고 있는 물리적 공간 사업은 앞으로도 지속적으로 확장해 나갈 것이다.

비즈니스 현장에서 가설을 검증하는 창업팀, 그들을 돕는 교육과 컨설팅, 크리에이티브 영역에서 철학을 제시하고 브랜딩과 마케팅 역량을 지원하는 그룹 등 꿈쟁이놀이터 안에는 배경과 경험, 연령이 다양한 수많은 사람들이 어우러져 있다. 그렇기 때문에 가능한 또 한 가지 매우 중요한 영역이 바로 컬래버레이션(Collaboration)이다. 미래 사회 IT연구소의 웹 3.0 스터디 그룹을 통해 발굴된 NFT 프로젝트가 한창 준비 중에 있다.

해당 프로젝트를 이끌어 가기 위해서 4명의 핵심 인력이 TF로 구성되었있다. NFT의 주제인 ESG와 소셜 임팩트(Social Impact)에 대한 경험과 실행력을 갖춘 소셜벤처 창업가 출신의 구성원, 웹 3.0에 대한 전반적인 트렌드와 기술, 실현 가능한 네트워크와 인력 풀을 제공하는 IT/Tech 컨설턴트 출신의 구성원, 아트·크리에이티브(Art & Creative) 영역에서 영상과 콘텐츠, 브랜딩, 마케팅, 캐릭터와 굿즈 개발까지 다양한 경험을 갖춘 구성원, 실무적인 영역에서 프로젝트의 기반을 갖추기 위한 RA 역할을 수행하며 여성 창업가 커뮤니티를 운영해 본 구성원 등 각자의 개성과 역량에 따라 최적의 팀이 구성되었다.

꿈쟁이놀이터가 생각하는 컬래버레이션은 서로 다른 배경과 영역의 사람들이 TF 형태로 빠르게 구성되어 목표하는 프로젝트의 단기와 중장기 목표를 현실감 있게 그려가며 창업 전 단계의 가설을 검증하는 프로젝트 팀이다. 이들이 모여서 나누는 이야기가 곧 콘텐츠가 되고, 각자가 가진 관점에서 하는 이야기가 전략이 된다. 이미 각 분야에서 충분한 경험과 전문성을 갖춘 인재들이 모여 새로운 가설을 기반으로 새로운 영역에 도전하는 일 자체가 꿈쟁이놀이터가 이야기하는 '놀이'이자 최고의 콘텐츠이다.

꿈쟁이놀이터가 조직으로서 지향하는 3가지 기능과 영역은 꿈쟁이들을 위한 플랫폼이자, 청년 창업가를 지원하고 그들의 성장을 돕기 위한 커뮤니티이고, 또 생존이 어려운 스타트업이 함께 의지하며 상호성장할 수 있는 컴퍼니 빌더이다. 꿈쟁이놀이터에 연결되어 있는 수많은 청년 창업가와 기성세대 기업인들, 투자자와 분야별 전문가들과 교류할 수 있는 커뮤니티로서의 역할은 다양한 프로그램을 통해서 그 기회가 제공된다. 매주 월요일 남산에서 진행되고 있는 D.WIN(Dreamer's Worship in Namsan) 커뮤니티 모임, 기성 세대 기업인들의 협력과 네트워킹을 지원해 온 CEO MBA, 그리고 청년 창업가를 양성하고 교육하는 Next CEO Community 등의 프로그램이 운영되고 있다.

우리는 일로 만난 사이에서 끝나는 플랫폼을 넘어 사업의 어려움과 인생의 짐을 함께 나누고 청년 창업가를 돕기 위한 비전을 공유하는 커뮤니티이기도 하다. 현재 꿈쟁이놀이터의 핵심 청년 구성원들은 신기할 정도로 다음 세대 청년들과 창업가를 돕고자 하는 일에 동일한 마음을 가지고 있다. 보통은 특정 영역에서 큰 성공을 거둔 선배들이 후배들을 양성하기 위해 품는 마음을 아직 인생에서 많은 성취와 부를 이루지 못한 청년들이 품고 있다.

스타트업을 통해 부와 명예를 쌓는 일보다 더 가치 있는 일이 무엇인지 알고 있는 청년들이다. 그들과 함께하기에 꿈쟁이놀이터가 건강한 커뮤니티로서 방향을 잡아갈 수 있다. 마지막으로 기능은 우리만의 방식으로 만들어 가는 컴퍼니 빌더이다.

보통 컴퍼니 빌더는 많은 자본을 가진 기업이나 투자사가 지향하는 모델이다. 우리는 돈이 많지 않지만, 성공하는 스타트업의 본질은 투자금보다 사람에 있다는 철학을 가지고 있다. 실패할 수 있는 경험의 장을 제공하고, 개인의 비전을 인정하고 공감하며, 그들이 꿈을 마음껏 펼칠 수 있는 장을 제공해 줄 때 남부럽지 않은 최고의 팀이 탄생한다. 좋은 창업팀에 투자하고 싶은 돈 많은 투자자와 자본가는 파트너십을 통해 해결할 수 있다.

하지만, 그들이 갖지 못하는 탄탄한 역량을 기반으로 뚜렷한 비전과 신뢰관계를 기반으로 하는 창업팀을 지속적으로 발굴하고 성장시킬 수 있는 문화와 시스템을 가진 것이 우리의 최대 강점이다. 그것이 꿈쟁이놀이터의 컴퍼니 빌딩을 바라보고 접근하는 우리만의 방법론이다.

세 번째 - 대한민국의 글로벌 창업 생태계 기여

이스라엘은 명실상부 전 세계에서 가장 높은 위상을 자랑하는 기술력을 보유한 국가이자, 그 기술력을 특정 기업이 독점하는 것이 아닌 스타트업 생태계를 통해 혁신적인 비즈니스를 끊임없이 발굴하는 창업 선진국이다. 이스라엘이 창업국가로 전 세계적인 위상을 떨칠 수 있었던 것은 유대인들의 전통과 역사, 문화, 그들의 뛰어난 DNA, 적국과 바다에 둘러싸여 있는 지정학적인 한계, 1950년 국가를 설립하는 시점부터 기술력에 집중하고자 했던 국가 성장전략과 계획 등 다양한 요인이 있다.

정부와 기업, 대학교까지 사회의 핵심적인 기능을 수행하는 기관들이 한 뜻으로 창업을 통한 글로벌 시장 진출과 경제성장에 대한 공감대와 문화가 이미 오래 전부터 자리잡은 나라이다. 이스라엘에서는 아직 창업을 하지 않은 사람은 있어도, 한 번도 창업을 하지 않을 사람은 없다는 말이 있을 만큼 어린이부터 노인까지 창업은 생존과 성장을 위한 당연한 선택지 중 하나로 여겨진다. 특히 대한민국보다 더 작은 내수 시장을 보유하고 있는 이스라엘에서 유대인들이 생각하는 창업은 언제나 당연히 글로벌이다. 그들은 어떻게 글로벌 창업을 당연하게 여기는 문화를 가질 수 있었을까?

첫 번째는 단연 이스라엘 제1의 창업 도시 텔아비브로부터 실리콘 밸리까지 연결되는 기업, 기관, 사람 간의 글로벌 창업 네트워크다. 한국에는 상대적으로 덜 알려져 있는 이스라엘의 텔아비브는 실리콘 밸리의 축소판이자, 핵심 기술과 인력을 직접적으로 공유하고 있는 글로벌 도시이다. 텔아비브는 도시의 분위기와 지역의 인프라까지, 자동차 표지판에 쓰여진 글자의 글꼴까지도 미국의 것들과 유사하다는 점을 발견할 수 있다.

그들은 자신들이 만들어 내는 비즈니스와 문화가 곧 실리콘 밸리의 것들이고, 그것이 곧 세계 시장으로 진출하기 위한 자연스러운 프로세스라고 생각한다. NASDAQ 상장 기업의 리스트만 뒤져보아도 이스라엘과 실리콘 밸리 사이의 자금의 흐름이 얼마나 한 흐름으로 흘러가고 있는지 쉽게 찾아볼 수 있다. 전 세계에서 GDP 대비 기술 R&D 비용을 가장 많이 지출하는 국가 1위와 2위가 이스라엘과 대한민국이다.

이스라엘은 처음부터 끝까지 글로벌을 외치며 분야마다 세계 시장에서 높은 점유율을 차지하고 있는데, 대한민국의 스타트업은 왜 여전히 글로벌 창업을 넘지 못할 높은 허들로 여기는 것일까?

대한민국의 스타트업은 역량 있는 청년들이 모여 새로운 프로젝트를 만들고 스타트업을 세워가는 과정에서부터 글로벌 시장을 겨냥해야 한다. 한국은 상대적으로 경제체제 자체가 폐쇄적일 수밖에 없는 물리적 구조를 갖추고 있기도 하지만, 다른 국가 대비 매우 긴 단일 민족의 역사를 보유하고 있는 특성 때문에 글로벌 시장에 대한 막연한 공포감이 있다.

하지만 생각보다 한국 스타트업의 역량과 저력은 탁월하다. 언어의 장벽과 글로벌 시장에 대한 공포감만 해결할 수 있다면 글로벌 무대에서 날고 뛰는 스타트업을 만들어 가는 것이 충분히 가능하다. 꿈쟁이놀이터에서는 이스라엘 VIP들과의 네트워크를 기반으로 그들이 가진 글로벌 DNA를 이식받는다. 국내에서도 초기 창업가들의 성장을 단기간에 견인하는 탁월한 초기 VC들이 많이 생겨난 것은 분명 훌륭한 일이다. 하지만, 그들에게 처음부터 글로벌 시장에 대한 관점과 태도를 심어주는 역할을 하는 VC는 여전히 드물다.

우리는 교육과 워크숍을 통해 글로벌 기업가 정신을 끊임없이 이야기하고, 비즈니스 모델을 만드는 시점부터 글로벌 시장을 겨냥한 프로젝트를 지향하고, 또 양질의 결과물이 나왔을 때 글로벌 투자를 검토 받고 글로벌 시장 진출을 도와줄 이스라엘의 우수한 네트워크를 이미 보유하고 있다.

이스라엘 현장 투어를 통해 그들의 문화와 생태계를 경험하고, 이스라엘 기반의 글로벌 VC를 대상으로 투자심사를 받을 수 있는 구조를 갖추고 있다. 기술력 측면에서 한국의 스타트업이 이스라엘을 따라가는 것이 현실적으로 어렵기 때문에 아직까지 이스라엘 VC로부터 직접 투자를 유치하는 케이스는 탄생하지 않았지만, 향후 3년 이내 이스라엘의 메이저 초기 VC로부터 투자 받는 꿈쟁이놀이터의 1호 스타트업이 탄생할 것이라고 확신한다.

또 한 가지 중요한 요소는 유교적 문화에 기반한 사람 간의 예절이 비즈니스 세계에서도 여전히 유효하다는 점이 단점으로 작용할 때가 많다는 것이다. 언어적 특성만 살펴보더라도 한국어는 화려한 미사여구와 타인과의 관계 혹은 타인의 입장을 존중하고 배려할 수 있는 존대어 등 언어적 아름다움의 수준이 탁월하다.

하지만, 핵심과 효율성이 중요한 비즈니스 세계에서도 그런 지점들이 작용하고 있다는 점을 주목해야 한다. 단편적인 예로 한국에서는 사회초년생이 직장생활을 처음 시작할 때 어려워하는 점 중 한 가지가 바로 비즈니스 이메일을 작성하는 것이다. 파트너 기관에 나보다 높은 직급 혹은 리더에게 메일 한 통을 보내더라도 우리는 언제나 상대방의 안부를 묻는 것을 기본 예절로 생각한다.

매우 좋은 문화라고 생각할 수도 있지만, 글로벌 비즈니스 세계에서는 그러한 작은 것들이 쌓였을 때 큰 비효율이 될 수도 있다. 간결하고 핵심만 전달하는 영어식 커뮤니케이션에서는 최소한의 예의는 갖추되 궁금하지 않은 불필요한 안부를 묻는 인사말은 생략된다. 이러한 절차의 중요성은 단연 행정 영역에서 가장 크게 작용한다.

특히 국가 예산이 투입되는 창업 지원사업에서는 경험이 전무한 창업가가 도저히 작성할 수 없는 어려운 양식과 내용의 사업계획서 또는 마치 공공기관의 용역사 역할을 방불케 하는 행정 절차를 학습해야 하고, 더 나아가서 그들의 언어와 문화를 새롭게 학습해야 하는 지경이다. 형평성과 공공성이 중요한 공공기관에서는 당연한 절차일 수 있지만, 누구보다 빠른 속도로 효율적으로 사고하고 일해야 하는 스타트업 대표들의 사고방식을 마비시킬 수 있다.

사회적으로 높은 지위에 있는 사람에 대한 의전 문화 또한 어떠한가? 권위주의와 허례허식이 이전 시대에 비해 다소 축소된 것은 사실이지만, 한국에서는 비즈니스를 할 때도 여전히 예절과 예의가 너무나 중요하다. 그런 문화는 우리 민족의 강점이자 아름다운 문화인 것은 극명하나, 마찬가지로 비즈니스 세계에서는 비효율로 작용할 때가 많다.

단적인 예로 이스라엘에서 세 번째 포럼을 할 때 이스라엘 투자업계의 대부인 요시 바르디 회장이 연사로 참석했다. 당시 국내에서 가장 잘 나가는 교육 기업의 대표가 자원해서 의전을 담당했고, 순서가 끝난 뒤 요시 바르디 회장을 의전하면서 놀라지 않을 수 없었다. 젊은 대표는 자연스럽게 예의를 갖추기 위해 차를 세워두신 곳까지 모시겠다는 소통을 시도했으나, 요시 바르디 회장의 답변은 '내가 내 차를 어디에 세워두었는지 잘 기억하고 있는데, 당신이 나를 차까지 데려다 주는 이유가 무엇인가요?'였다고 한다.

이스라엘이나 영미권 문화의 모든 것들이 우수한 것이 결코 아니며, 우리는 한국의 정서에 맞는 문화를 유지하는 것 또한 매우 중요한 일이지만 글로벌 스타트업 생태계를 지향하는 창업가와 그들을 돕고자 하는 조직에서는 생각해 보지 않을 수 없는 부분일 것이다.

나는 지난 10년간 이스라엘 재계의 최정상 VIP들과의 관계와 수많은 프로젝트를 통해 한국인 중 그들의 비즈니스 문화와 언어를 누구보다 가장 잘 이해하고 있는 사람 중 한 사람이라고 자부한다. 올메르트 총리와의 인연으로 상상하지 못할 이스라엘의 VIP 네트워크와 연결될 수 있었고, 나의 열정과 진정성을 높이 평가해 준 그들과 언제든지 비즈니스 이야기를 나눌 수 있는 막역한 사이가 되었다.

처음 몇 년간 양국의 비즈니스를 대표하는 기업인, 정치인, 교육계의 리더들이 교류할 수 있는 국제 비즈니스 포럼을 열었고, 이를 기반으로 이스라엘의 스타트업 생태계에서는 한국인으로서 높은 입지를 인정받을 수 있었다. 양국이 주요 기관 간의 협력을 고도화하고자 비즈니스 트립(Trip), 오픈 이노베이션 프로젝트 등 다수의 사업을 토대로 뉴욕시와의 협약을 통해 데이터 기반의 이노베이션 허브를 구축한 세계적인 엑셀러레이터 SOSA의 한국 브랜치를 설립하게 되었다.

오랜 시간 탄탄하게 쌓아온 신뢰관계를 기반으로 이제는 보다 본격적인 양국간의 교류 증진을 위한 활동의 시간이 되었다. 청년 스타트업과 VC 간의 교류, 양국의 주요 국가 기관 간의 긴밀한 네트워킹을 통해 한국의 스타트업 생태계를 철저하게 글로벌화(Globalization)하기 위한 기반이 준비되었다. 한국의 미래 사회 먹거리를 찾고 전략을 개발하기 위한 이스라엘 혁신청(Israel Innovation Authority)과 같은 기구를 설립하고, 국가 기술 인재들이 군 복무 기간을 통해 기술 개발과 창업을 준비할 수 있는 군대 창업 생태계의 초석을 만들고, 한국의 실리콘 밸리 판교가 국제 무대에서 위상을 증명할 수 있는 시스템을 구축하는 일들이다.

스타트업에 대한 수많은 정의 중 가장 유명한 개념은 Lean Start-up의 Eric Riise가 이야기한 '기존에 없던 혁신적인 제품과 서비스를 만들기 위해 끊임없이 가설을 세우고 검증하는 개인 또는 팀'이다. 꿈쟁이놀이터는 규모가 커지고 연차가 쌓여도 본질은 스타트업이다. 두려움을 안고서라도 이전에 없던 혁신을 위해 끊임없이 도전하고 실험하는 스타트업이기 때문에 우리는 계속 꿈을 꾸고 새로운 이야기를 한다.

수많은 자원과 복잡한 의사결정 구조 안에서 반드시 성과를 만들어야 하는 기성 시스템에 국한되어 있는 조직은 이스라엘과 글로벌 진출 또한 필요 이상으로 어려운 과제로 생각한다. 하지만 우리는 스타트업이기 때문에 가능하다. 도전과 실패 속에서 쌓아온 경험과 역량을 토대로 대한민국 스타트업 생태계에 글로벌 DNA를 심는 일은 파트너가 누구이든, 방법이 무엇이든 향후 꿈쟁이놀이터가 달성해야 하는 가장 중요한 버킷 리스트 중 한 가지인 것은 변함이 없다.

CHAPTER 04

꾸머가 꿈꾸는
미래 사회

미래 사회의 키는
자율주행차

— ✡ —

오랜만에 글을 쓴다. 한국은 앞으로 어떤 비즈니스를 해서 먹고 살 것
인가? 나는 산업화의 마지막 시대를 산 사람이다. 내가 대학을 다닐
때 이미 민주화가 무르익었다. 내 중학교 시절 광주 민주화운동이 있
었고 대학을 다닐 때에는 민주화 운동이 극에 달했다. 그리고 지금 그
민주화를 부르짖었던 내 선배, 친구, 후배들이 정권을 잡고 국가를 운
영하고 있다. 나는 산업화와 민주화의 샌드위치 제너레이션으로 양쪽
에 현실을 경험하였고, 그 중심에 서 있다.

이제 어느덧 나는 중년이 되었다. 오십대 중반이 되어 사회 지도층 인

▲ 인텔에 17조 5,600억 원에 매각된 이스라엘 최고의 인공지능 눈 스타트업 '모빌아이'

사 그룹이 되었다. 이십대에 미국으로 유학을 떠나 글로벌 비즈니스를 경험하며 세계 최고의 유대인 글로벌 기업인과 친구가 되어 왜 그들이 세계 최고의 기업과 국가를 이루게 되었는지를 알게 되었다. 유대인들은 1인 기업을 시작할 때 히브리 홈페이지를 만드는 것이 아니라 영어 홈페이지를 만들어 글로벌 시장을 겨냥하고 있다.

그중에 가장 탁월한 유대인들이 수 천년 동안 지구상에 경제를 좌지우지 하는 것은 미래를 읽고 준비하고 경영하는 능력 덕분이다. 예를 들어 장사에 눈이 뜬 유대인들이 돈을 많이 벌자, 강도들이 유대인의 현금을 노리기 시작했다. 그래서 현금을 보유하지 않고 안전하게 자산을 지킬 수 있는 방법을 찾은 결과 신용카드를 만든 것이다. 신용카드를 만들기 전에 글로벌 금융을 만들기 위하여 글로벌 뱅크를 만든 것도 역시 유대인이다.

이 유대인들이 지금 금융을 지배하고 있는 중앙은행 화폐 제도를 비즈니스 수단으로 만들기 위해 만든 것이 블록체인 머니이다. 유대인들은 국가나 기업에 관심이 있는 것이 아니라 오직 비즈니스의 이윤을 남기는 시스템과 규제를 철폐하여 미래 사회를 만드는 개혁에 관심이 있을 뿐이다. 우리가 앞으로 미래 사회에 생존하는 국가가 되기 위해서 유대인과 친해야 하며 이스라엘 국가와 유대 관계를 맺어 급변하는 미래 사회를 준비해야 한다.

요즘 이스라엘 국가가 정책적으로 미래 사회를 준비하기 위해서 밀고 있는 비즈니스가 '자율주행차'이다. 자율주행차는 미래 사회의 모든 분야에 있어서 급격한 변화를 만들 것이다. 우리는 이미 초고속 열차를 통해 가지고 왔던 변화들을 눈으로 경험했다. 서울과 부산이 자동차로 5시간이 걸렸을 때의 시대와 초고속 열차가 2시간대로 단축했을

▲ 야간 인공지능 눈 기술을 가진 이스라엘 최고의 스타트업 '트라이아이'

때 우리 사회에서 일어나고 있는 변화를 경험했다.

자율주행차는 사회 각 분야에 있어서 급격한 변화를 가져 올 것이다. 먼저, 차 안에서 운전으로 소비되는 시간을 없앨 것이다. 움직이는 방향의 좌석배치도를 원형 테이블처럼 디자인이 바뀔 것이고, 차가 이동수단이 아닌 사무공간으로 바뀔 것이다. 앞으로 비즈니스 미팅이 건물이 아닌 차 안에서 이루어질 것이고 이에 따르는 공간의 창출과 기능에따른 비즈니스가 엄청나게 성장할 것이다.

미래 사회의 한 축인 공해문제에 있어서 자율주행차 시대가 그 문제를 해결할 것이다. 전기자동차로 불리는 충전형 에너지로 차에서 내어뿜는 이산화탄소를 줄일 것이고, 지구온난화를 막는 좋은 도구가 될 것이다. 또한 교통사고의 주범인 운전자 과실에 의한 사망 및 사고(94%)를 줄일 수 있는 계기를 만들어 줄 것이다. 그리고 시내 교통체증을 줄일 수 있는 효과적인 대안이다.

서울시에 진입하는 모든 경기도의 버스와 자동차 대수를 생각해 보라. 어마어마한 버스와 자동차가 매일 서울에 진입하여 교통체증과 공해를 유발하고 있다. 그러나 서울에 진입하는 곳에 거대한 주차장이 생기고 자율주행차를 이용하는 버스나 차가 그 수요를 대체할 것이다. 서울 시내 대부분이 자율주행차를 운행할 수 있는 정거장과 스테이션이 생길 것이다.

자율주행차가 몰고 올 변화는 지상의 차를 몰고 가는 단순한 변화가 아니라 개인용 헬리콥터가 서울 곳곳을 운행하고 우리를 원하는 곳에 데려다 줄 것이다. 자율주행차가 몰고 올 새로운 비즈니스의 형태는 상상 이상으로 엄청난 충격과 변화를 예고하고 있다. 그러나 우리는 먼 나라 이웃이 얘기하는 추상적인 개념으로 생각하고 준비를 하고 있지 않아서 미래 비즈니스 먹거리를 놓치고 있는 것이다.

그렇다. 지금이라도 늦지 않았다. 미래 사회 변화의 핵심 키는 자율주행차 시대이다. 다가올 미래는 자율주행차와 관계된 비즈니스를 준비하지 않으면 우리는 삼류국가로 전락할 것이다. 자율주행차 시대를 맞이하기 위한 핵심역량은 IT 기술이다. 그중에서 사이버 시큐리티, 내비게이션, 스마트 모빌리티, 인공지능 눈, 스마트자동차 센서프로그램에 관한 비즈니스 스타트업을 육성해야 한다.

나는 이미 십년 전부터 이스라엘에서 준비하고 있는 자율주행차 시장을 경험하고 있다. 지금 이스라엘에는 모빌아이가 운영하고 있는 자율주행차 100대가 예루살렘 시내를 주행하고 있다. 그러나 우리는 자율주행차 운행을 하기 위한 법률조차 마련되어 있지 않아 여의도에 자율주행차 시험을 하다가 도로교통법 위반으로 더 이상 도로에서 자율주행차를 운행할 수 없어 본사를 미국으로 옮긴 스타트업이 있다.

앞으로 어떻게 미래를 준비할 것인가? 앞으로 한국은 어떤 국가로 남게 될 것인가? 국가의 정책과 비전을 결정하는 위정자들이 미래를 읽는 식견과 힘을 가졌으면 좋겠다. 제발 부탁인데 자율주행차와 관계된 모든 비즈니스 규제를 없애야 한다. 그리고 모든 국가의 역량과 힘을 자율주행차와 관계된 정책과 재정을 쏟아 부여야 한다. 미력하나마 내가 그 일을 도와 국가의 미래와 다음 세대의 청년 사업가들을 위해 나의 힘을 보태고 싶다.

자율주행차는
미래 한국의 먹거리·1

✡

자율주행차는 그저 운전자 없이 차를 주행하는 것이 전부가 아니다. 편리한 라이프를 제공하는 것은 맞지만 그 속에는 엄청난 테크놀러지가 있다. 인공지능, 센서, 보안, 시뮬레이션, 스마트 시티 등 현재 IT 비즈니스의 모든 기술이 함축되어 있다. 이 엄청난 기술을 컬래버레이션해서 미래 사회를 준비하는 국가와 사회만 살아남을 수 있다. 이번 이스라엘 자율주행차 비즈니스 출장을 통해 소중한 진리를 깨달았다.

미래를 준비하지 않으면 누구나 도태될 수 있다. 그 미래를 준비하는

▲ 이스라엘의 자율주행차 시뮬레이션 기업 Cognata

것은 국가나 사회가 아니라 개혁을 인생의 목적으로 삼는 사람만이 그 것을 이루어 낼 수 있다. 누군가 하나가 미쳐야 한다. 선각자가 나타나 누가 무어라고 하여도 미래 먹거리를 준비하지 않으면 안 된다. 내 인 생을 국가의 정책이나 제도적 시스템에 맡기어 살아간다면 큰 오산이 라는 생각이 들었다.

더군다나 내가 이스라엘에 있을 때 검찰이 '타다'를 기소하였다. 이 말 도 안 되는 상황 속에서 나는 이스라엘에서 헛웃음을 지을 수밖에 없 었다. 왜냐하면 미래 먹거리를 너무 안일하게 대처하는 분들의 의견을 들어보면 미래는 무엇으로 먹고 살 것인가 하는 의구심이 들었다. 지 금은 구한말보다 더 어려운 시대를 우리는 살아가고 있다. 미래를 위 해 살 것인가? 아니면 현실에 안주할 것인가?

한국은 이미 세계적인 기술을 가지고 있다. 제조업으로 이미 세계 경 제의 기적을 이룬 나라이다. 일본의 소니가 한국의 삼성에게 뒤쳐질 때 이미 한국과 일본의 게임은 끝이 났다. 한국의 반도체, 선박, 자동 차 등 제조업 기술과 연구력은 세계적이다. 이것을 전 세계가 부러워 하고 있다. 그러나 이제 한국이 자랑하는 이 분야도 중국의 거센 추격 에 오래가지 못할 것 같다.

그렇다면 해결책은 무엇인가? 나는 한국이 과거에 이루었던 한강의 기적이 그리 오래 갈 것 같지 않다. 왜냐하면 세상의 변화는 너무 빠 르기 때문이다. 어떻게 빠른 세상의 변화를 좇아갈 수 있을까? 그것은 이스라엘에서 배울 수 있다. 특히 '자율자동차' 분야는 제2의 한강의 기적을 만들어 낼 수 있다. 그런데 자율주행차 시대를 여는 가장 큰 장 애물은 법의 규제이다.

이스라엘과 미국, 중국은 자율주행차의 비즈니스를 활성화하기 위해 어떤 것을 도와주고 있을까? 이스라엘은 미리 법이 따라가지 못하는 부분까지 자율로 도로주행을 할 수 있도록 허용하고 있다. 미국은 제도적으로 법의 지원을 통하여 예외 규정을 두고 먼저 테스트 가능하도록 법의 문을 열어놓았다. 중국은 법이 만들기 전 기술개발에 따른 모든 것을 열어두고 먼저 기술을 개발하기 위한 모든 행동들을 개방해 놓았다.

규제는 없애야 한다. 그것이 비록 사회적 충돌을 야기해도 미래를 위하여 발명되어야 하는 기술은 먼저 도입해야 한다. 우리나라 자율주행차 '스노우' 기술을 개발하고 있는 기업이 여의도에서 자율주행차를 실험하다 관련 법규가 없다고 하여 본사를 미국으로 옮겨야 했다. 정부는 IT 기술을 개발하라고 하면서 정작 기술개발을 위한 법의 규제는 풀 생각도 없다.

자율주행차는 미래산업의 가장 큰 먹거리이다. 이것은 피해갈 수 없는 시대적 요구이다. 한국만 뒤쳐지고 있다. 적어도 IT 기술 개발을 할 때 적용되는 법의 규제는 풀어주어야 한다. 만약 우리나라가 법의 규제를 풀지 못해 다가올 '자율주행차' 개발을 행동으로 옮기지 않는다면 우리는 베네수엘라와 같은 후진국으로 전락할 것이다. 이런 일을 할 용기 있는 정치가나 리더가 필요하다. 나는 그런 분들이 빨리 나왔으면 좋겠다.

자율주행차는
미래 한국의 먹거리·2

✡

이스라엘의 미래 먹거리는 '자율주행차'이다. 스마트 모빌리티의 핵심은 자율주행차를 누가 먼저 개발하고 상용화하는가에 달려 있다. 이스라엘은 2013년에 자율주행차를 개발하기 위한 스타트업 투자에 목숨을 건다. 국가가 지원을 하고 민간기업이 투자를 하는 투 트랙이 절묘하게 조화를 이루었다. 이번 미래 먹거리 투자도 성공적이었다. 자율주행차에 본격적으로 투자에 시동을 건 지 5년도 안 되어 놀라운 성과를 이룬다.

▲ 이스라엘 자율주행차 글로벌 보안업체 Argus 부사장 PT

자율주행차는 여러 가지 분야가 하나가 되어야 한다. 사람을 대신하는 인공지능 눈, 도로를 주행하는 상태를 체크하는 가상주행 소프트웨어 프로그램과 엔지니어링, 깜깜한 밤에도 대낮처럼 볼 수 있는 특수카메라 기능을 가진 적외선 감지 카메라, 자율주행차를 해킹하여 도로를 무법천지로 만들 수 있는 위험에도 이를 방지하고 예방할 수 있는 보안기능 등 다양한 기술이 융합을 이루어 만들어 내는 것이다.

오늘 내가 소개하고 싶은 기업은 'Argus'이다. 이스라엘 텔아비브에 본사를 둔 아거스 사이버 시큐리티 기업은 2013년 자율주행자 보안 스타트업이었다. 세 명의 개발자에 의하여 설립된 자율주행차를 위한 사이버 보안기업이다. 포괄적인 네트워크 보안 해결책을 마련하여 자율주행차들을 보호하고 범죄를 방지하는 데 의미를 둔다. 자동차 산업에 독자적인 고품질 사이버 보안 솔루션 및 서비스를 제공함으로서 차량외부 및 내부의 안전을 책임진다.

다가오는 자율주행차의 상용화 시대에 가장 주의해야 할 사항은 외부에 의한 해킹이다. 프로그램을 운영되는 자율주행차는 해킹방지시스템 미비시 타인에 의해 위험물, 즉 테러로 변질될 가능성이 가장 크기 때문이다. 이를 위해 아거스 사이버 시큐리티는 전자제어장치, 텔레메틱스장치, 인포테인먼트 센터 및 (ADAS, Advanced Driver Assistance Systems) 장치와 연결되어 고급 운영 체제(Linux, Android, Adative AUTOSAR)에서 실행이 된다.

이뿐 아니라 차량 내 네트워크 보안을 제공하여 차량 전체 네트워크 통신을 검사하고 차량 자체 내에서 발생하는 충돌 및 바이러스 공격을 방어한다. 더불어 계기판, BCM(Body Control Module) 제동 시스템 및 게이트웨이와 같은 핵심전자 제어장치의 보호는 자동차 운영을 원활하게 한다. 이러한 자율주행차의 운영 철학을 가진 아거스 사이버 시큐리티는 자율주행차의 중심지인 이스라엘 텔아비브에 본사를 두고 미국 미시간 주, 실리콘 밸리, 독일 슈투트가르트 및 일본 도쿄에 사무실이 있다.

불과 스타트업을 시작한 지 6년 만에 세계적인 자율주행차 사이버 보안기업으로 성장한 이유는 무엇일까? 세계 최고의 보안기술을 바탕으로 누구도 따라올 수 없는 기술을 개발해 내고 있기 때문이다. 이 회사의 설립자 세 명 모두 엔지니어 출신이다. 이들을 이야기할 때 이스라엘 군대 Unit 8200 부대를 빼 놓을 수 없다. 아거스 사이버 시큐리티 직원의 60% 이상이 이스라엘 최고의 인텔리 부대인 Unit 8200출신이다.

이 부대 출신의 구성원들로 이루어진 전문 해커팀이 아거스에 존재하며 이들은 현재까지 50여 번의 해킹 프로젝트 성공률 100%를 달성하고 있다. 최근에 실행된 해킹 프로젝트는 모바일 폰 하나로 수십 대의 트레일러 전부를 해킹하여 차량의 해킹 및 제어 여부를 판단하는 것이었다. 이 프로젝트 역시 아거스의 전문 해커팀이 성공적으로 이끌었으며 이러한 해킹 프로젝트들을 통하여 다양한 해킹 프로그램에 대항할 알고리즘과 백신프로그램을 개발하고 있다.

이스라엘은 미래의 먹거리를 놓고 고민한다. 미래 먹거리가 다음 세대를 행복하고 부유하게 하는 '전부'이다. 지금 한국은 한때 한국을 전 세계 최고로 만들었던 '조선, 철강, 반도체, 건설'의 하향세를 맞고 있다. 더 이상 대기업에 의존하는 경제구조를 바꾸지 못하면 우리는 중남미의 아르헨티나나 칠레의 전철을 밟을 수 있다. 우리는 어떻게 미래를 준비해야 할까?

질문하고 살자. 우리 다음의 청년들에게 세계가 어떻게 변하고 있는지 말해주어야 한다. 더 이상 조선, 철강, 반도체'의 신화에 갇혀 미래의 먹거리를 놓쳐서는 안된다. 이제 전문적인 기술을 가진 스타트업을 키워서 세계적인 기술기업으로 도약을 시켜야 한다. 작지만 강한 중소기업을 스타트업을 통해서 키워야 한다.

메타버스는 기술이 아니라
세계관과 스토리텔링

—— ✡ ——

요즘 한국에서 가장 핫한 컨텐츠가 메타버스이다. 마치 메타버스를 모르면 유행에 뒤쳐진 듯한 전형적인 구시대의 사람이 되어버린 듯하다. 우리는 끊임없이 정보화 사회에 노출되어 있다. 하루에도 수천, 수만의 정보들이 인터넷으로 기사화되서 우리 뇌 속으로 들어오고 있다. 그중에 가장 최근의 IT 컨텐츠가 메타버스이다. 우리는 다가올 미래의 메타버스 비즈니스를 어떻게 해석해야 할까?

IT 비즈니스를 언급하면 대부분의 사람들은 기술과 유통이라고 생각한다. 물론, IT 컨텐츠를 비즈니스화하기 위해서 필요한 것은 빅데이터, IoT, 사이버 시큐리티, 블록체인과 같은 IT 기술이 내장되어 있어야 한다. 그러나 이것이 IT 비즈니스의 전부는 아니다. 마찬가지로 메타버스를 이야기할 때, 위에 나열한 기술들이 필요하지만 근본적으로 기술이 전부가 아니다.

예를 들어 패션회사인 구찌가 메타버스를 만들었다고 하자. 많은 사람들은 의아해할 것이다. 왜냐하면 옷을 만드는 패션 분야 회사가 IT 비즈니스에 어떤 결합을 할 수 있을까가 보통 사람들에게는 이해가 가지 않는 것이다. 그러나 구찌는 이미 메타버스를 이용한 IT 비즈니스를 주 종목인 패션과 결합하여 상상을 초월한 가치와 문화를 창출하고 있다. 이것이 패션회사 구찌가 가지고 있는 힘이다.

212

▲ 구찌 메타버스 플랫폼

구찌는 메타버스에 플랫폼을 만들어 수백, 수천 만 원을 호가하는 명품 옷들을 온라인에서는 아바타 품목으로 단돈 3,000원에 구입할 수 있다. 그러면 구찌는 왜 메타버스에 투자를 할까? 구찌가 오프라인 매장이 아닌 온라인 매장에서 명품으로써 가치를 발견했기 때문이다. 그것은 IT 기술이 아니라 IT 기술을 이용한 세계관과 스토리텔링을 IT로 풀어서 쉽게 설명해서 온라인 수익을 만들고 있는 것이다. 이렇듯 메타버스의 핵심은 IT 기술이 아니라 세계관과 스토리텔링을 풀어내는 능력이다.

비즈니스의 핵심역량에서 가장 중요한 것은 "가치"와 "철학"이다. 단순히 물건을 잘 만들거나 기술이 좋다고 해서 상품이 잘 팔리는 것은 아니다. 그리고 세계 1등은 기술이나 유통으로 만들어지는 것이 아니다. 전 세계 비즈니스 회사의 시가총액 1위는 애플이다. 애플이 삼성보다 기술이 뛰어날까? 아니다. 기술로만 따진다면 애플은 삼성보다 기술력이 없는 회사다. 그런데 세계 휴대폰 시장에서 부동의 1위는 애플이다. 왜 그런 현상이 벌어지는 것일까?

애플 휴대폰은 가치와 철학이 담겨져 있다. 그것이 세계 최고의 기술

▲ 애플 로고

력을 가진 삼성이 애플을 따라잡을 수 없는 이유이다. 소위 '애플빠'라고 하는 사람들은 애플이 가지고 있는 디자인과 철학에 팬덤이 형성되어 애플에서 삼성으로 이동하는 경우가 거의 드물다. 왜 사람들은 애플에서 삼성 휴대폰으로 갈아타지 않을까? 애플은 IT 기술을 애플이 가지고 있는 정신과 연계하여 애플만의 철학을 스토리텔링으로 통합적으로 풀어내고 있다. 그것은 애플의 가치와 철학을 극대화시켜 비즈니스화시키는 역량이 뛰어나기 때문이다.

이와 같이 메타버스도 세계관과 스토리텔링이 없는 기술은 오래가지 못한다. 기술자들은 언제든지 돈을 주고 채용하고 써 먹을 수 있다. 그러나 IT 기술자들은 세계관과 스토리텔링을 풀어낼 수 있는 능력이 없다. 그래서 세계관과 스토리텔링을 풀어낼 수 있는 문과와 이과의 컬래버레이션이 선행되어야 한다. 특히, 메타버스 컨텐츠를 만들기 위해 사용자가 주의깊게 보아야 할 포인트는 시대의 변화와 세대의 변화를 읽을 수 있는 인사이트이다.

메타버스는 나이도 성별도 학력도 겉으로 들어나는 모든 조건은 하나도 중요하지 않다. 오직 온라인상에서 아바타로 만들어진 가상현실 세계에서 플레이를 하는 것이다. 여기에는 규제와 규율도 없고 오직, 재미와 내가 왜 거기 참여해야 하는지에 대한 이유만 존재할 뿐이다. 고로 메타버스는 기술이 아니고 메타버스를 만드는 사람들의 가치와 철학이 담겨 있어야 성공할 수 있는 것이다. 메타버스 비즈니스의 성공은 이러한 인문학적 소양과 능력을 가진 세계관과 스토리텔러들을 얼마나 키우느냐에 키가 달려 있다.

5월에 판교에서 정부, 기업, 학교, 병원 등 모든 기관이 합쳐서 메타버스 얼라이언스 협의회를 만들었다. 이제 한국도 가상현실인 메타버스를 만들어 해당 비즈니스에 진출하고 있다. 메타버스 비즈니스의 성공

▲ 다양한 메타버스의 세계

은 IT 기술이 아니라 그 안에 담긴 세계관과 스토리를 어떻게 녹여내느냐에 따라 성패가 엇갈린다. 나는 한국의 수많은 10대 청소년과 20대 청년들이 메타버스 플랫폼에서 놀기를 소망해본다. 그리고 그 안에 풍성한 세계관과 스토리텔러들이 양성되어 글로벌 메타버스 비즈니스 세계를 이끌어 나갈 수 있기를 기대해 본다.